実務家が陥りやすい

相続・遺言の落とし穴

編　集　遺言・相続実務問題研究会

編集代表　野口　大（弁護士）
　　　　　藤井伸介（弁護士）

新日本法規

は　し　が　き

　平成30年7月6日に【民法及び家事事件手続法の一部を改正する法律】及び【法務局における遺言書の保管等に関する法律】が成立し、遺言相続分野の民法等が改正されましたが、遺言相続分野全体からみれば、ごく一部の改正に留まり、今回の改正に盛り込まれなかった【法の不備】は、多々あります。

　明治民法は、フランス法を継受したものですが、明治政府がドイツ憲法などを参考に政治体制を構築していった関係で、民法の解釈についてもドイツ流の解釈が主流となり、物権法理論のみならず相続法分野でも、元々の民法の体系的解釈（フランス流の解釈）よりもドイツ流の解釈が優先され、大審院の裁判例もドイツ流の解釈が主流を占めるようになったようです。

　第二次世界大戦後には、戦前の「家」制度が廃止され、本来ならば相続分野についても大幅に法改正すべきところが、ほとんどの部分は手が付けられないままとなり、遺留分に関する規定などは、戦前には【家】制度を支える制度であったものが【相続人保護】の制度として解釈がされるなど、フランス法系の体系的解釈とは異なる判例法学が形成されてきたのが実情といえます。

　特に、「相続させる」旨の遺言の効力に関する平成3年4月19日最高裁判決は、正に時代を画する分水嶺とも言える「解釈」を展開するに至り、民法907条の体系的意義とは相容れない「即時権利移転の効力」を肯定し、遺言と遺産分割手続との関係に大きな影響を及ぼしました。

　また、今般法改正された遺留分減殺請求権の法的性質についても、形成権であって権利行使の結果は物権的効力を生ずるとの解釈に立脚した平成年代の数々の最高裁判例は、「判例による法創造の連続」と評される状態でした。

このような源流としてのフランス法的条文とドイツ流に解釈する判例法学との相違などにより、遺言相続分野を担当する実務家は、判例を理解するのに難渋し、条文の体系的理解も進まず、実務的な処理に関して、随所において、悩み続けてきたのが実情でしょう。

　今般の遺言相続分野の民法改正により、実務的な処理方針が明確となるのは、ごく一部であり、今回の改正対象とされない分野においては、これからも実務家の悩みが解消されることなく続く見込みです。

　さて、上記の如き法継受の実情や戦後の不十分な法改正等により遺言相続分野の実務家としては、最高裁判例を中心とした裁判例を本格的に勉強しなければ判例法学を理解するに至らず、実務の処理においても、誤解・誤認したまま事務処理をすることもしばしば見受けられました。勉強不足だと言ってしまえばそれまでかも知れませんが、そもそも誤解あるいは誤認していること自体に気付かないこともしばしばあり、今後においても、そのような誤認事例が発生する可能性が高いものと考えます。

　そこで、我々遺言・相続実務問題研究会において、研究会のメンバー自身が悩んだ事例や、他の士業（弁護士、司法書士、税理士等）から研究会宛に寄せられた相談事例を集めて研究対象としてきました。相談事例が一定数集まってきましたので、このたび本書の形で研究成果を公表することとした次第です。

　本書においては、取り上げた論点を鳥瞰し易いように、形式的な目次を排し、できる限り疑問形でテーマ設定をしつつ、『POINT』として、当該テーマの論点を短く指摘しておりますので、一通り目次を読むだけでも、「眼から鱗」の効果を期待できるのではないかと自負しております。また、本文においても事例設定の次に『誤認例』を掲げ、その直後に『本当は』を短く指摘したうえで、解説文を付するというスタイルにしましたので、誤認・誤解に一目で気付くという効果を期

待できるものと考えております。

　「過ちては改むるに憚ること勿れ」あるいは「過ちを改むるに遅すぎるということはない」という諺・名言がありますが、本書が我々研究会のメンバーのみならず、遺言相続分野に携わる多くの実務家に、少しでも役立つことを念願する次第です。

　最後に、本書発刊の契機を与えて頂いた新日本法規出版株式会社に感謝すると共に、企画段階から発刊に至るまで辛抱強くサポートして下さった河村悟様に心よりお礼申し上げます。ありがとうございました。

　平成30年10月

　　　　　　遺言・相続実務問題研究会　一同

編集・執筆者一覧

〈編　集〉

遺言・相続実務問題研究会

編集代表　野　口　　　大（弁護士）

藤　井　伸　介（弁護士）

〈執筆者〉（五十音順）

新　井　教　正（弁護士）

川　合　清　文（弁護士）

小　林　寛　治（弁護士）

古家野　彰　平（弁護士）

塩　田　　　慶（弁護士）

田　村　義　史（弁護士）

野　口　　　大（弁護士）

髭　野　淳　平（弁護士）

藤　井　伸　介（弁護士）

略　語　表

＜法令の表記＞

　根拠となる法令の略記例及び略語は次のとおりです（〈　〉は、本文中の略語を示します。）。

　　家事事件手続法第216条第1項第2号＝家事216①二

民	民法
改正民（債権）〈改正民法（債権法）〉	民法の一部を改正する法律（平成29年法律第44号）による改正後の民法（2020年4月1日から施行）
改正民（相続）〈改正民法（相続法）〉（※）	民法及び家事事件手続法の一部を改正する法律（平成30年法律第72号）による改正後の民法
会社	会社法
家事	家事事件手続法
所税	所得税法
相税	相続税法
相税令	相続税法施行令
道路	道路法
民訴	民事訴訟法

　（※）　改正民法（相続法）の施行日につき、〔1年以内施行〕、〔2年以内施行〕の形で表記しています。

＜判例の表記＞

　根拠となる判例の略記例及び出典の略称は次のとおりです。

　　最高裁判所大法廷平成28年12月19日決定、判例時報2333号68頁
　　＝最大決平28・12・19判時2333・68

判時	判例時報	家月	家庭裁判月報
判タ	判例タイムズ	下民	下級裁判所民事裁判例集

金判	金融・商事判例	税資	税務訴訟資料
交民	交通事故民事裁判例集	民集	最高裁判所（大審院）民事判例集
高民	高等裁判所民事判例集		
裁判集民	最高裁判所裁判集民事	民録	大審院民事判決録

＜通達・先例の表記＞

　　根拠となる通達・先例の略記例は次のとおりです。

　　昭和52年2月4日民三第773号民事局第三課長回答
　　＝昭52・2・4民三773

目　　次

第1章　相続人・法定相続分

ページ

【1】　相続人の範囲及び法定相続分の落とし穴……………………………3

POINT　・相続開始時期によって相続人の範囲は異なる

　　　　・相続開始時期によって法定相続分の割合は異なる

【2】　養子の子に養親の代襲相続権はあるのか？……………………6

POINT　・養子縁組前に出生した養子の子に養親の代襲相続権
　　　　はあるのか

　　　　・養子縁組後に出生した養子の子に養親の代襲相続権
　　　　があるのか

【3】　養子には、実方の父母及びその血族の相続について相
　　　続権はあるのか？……………………………………………8

POINT　・特別養子には養子縁組後に生じた実方の父母及びそ
　　　　の血族の相続について相続権はあるのか

　　　　・普通養子には養子縁組後に生じた実方の父母及びそ
　　　　の血族の相続について相続権はあるのか

【4】　夫婦の一方のみと養子縁組をしている場合の落とし穴………9

POINT　・夫婦の一方とのみ養子縁組をしている養子に、養親
　　　　の配偶者の相続について相続権はあるのか

【5】　嫡出子・嫡出でない子の相続分の落とし穴…………………10

POINT　・最高裁大法廷平成25年9月4日決定は過去の相続に影
　　　　響するのか

　　　　・被相続人の死亡が平成13年8月である場合はどうか

　　　　・被相続人の死亡が平成13年5月である場合はどうか

【6】　廃除しても代襲相続があるのか？……………………………14

POINT　・廃除は代襲原因である

2　目　　次

【7】　遺言書に記載すれば相続人の廃除が必ず認められるの
　　　か？……………………………………………………………15

　　POINT　・遺言書に記載しても相続人廃除が必ず認められると
　　　　　　　いうものではない

　　　　　　・廃除したい根拠・資料について遺言執行者に引き継
　　　　　　　いでおくべき

【8】　相続人廃除について調停申立てはできるのか？………………18

　　POINT　・家事審判法では、推定相続人廃除は、乙類事項とし
　　　　　　　て調停申立てをすることも認められていた

　　　　　　・家事事件手続法においては、推定相続人廃除は、別
　　　　　　　表第1事件として位置付けられたため、調停申立て
　　　　　　　はできず、審判申立てしか認められなくなった

【9】　「一切相続させない」という遺言文言の落とし穴……………20

　　POINT　・遺言の解釈に当たり、遺言執行者は遺言者の真意を
　　　　　　　探求する必要がある

　　　　　　・遺言執行者に無用の時間・労力をかけさせないため
　　　　　　　にも、遺言の作成に当たっては、意味内容が一義的
　　　　　　　に明確となる文言を使用すべき

【10】　遺言書の検認申立てをしない相続人は相続欠格となる
　　　　のか？…………………………………………………………23

　　POINT　・遺言書の検認申立てをしないだけで相続欠格となる
　　　　　　　か

　　　　　　・公正証書遺言の場合にも遺言書の隠匿による相続欠
　　　　　　　格はあり得るか

【11】　遺言書破棄で相続欠格を主張する場合、相続欠格とな
　　　　る相続人のみを被告とすればよいか？……………………………27

　　POINT　・相続権不存在確認の訴えの提起の当事者適格

目　次　　3

第2章　相続放棄・限定承認

【12】　賃借物件を引き払うと相続放棄できなくなるのか？…………31

POINT　・相続人から被相続人の賃貸借契約を解約しても相続放棄できるか

　　　　・大家からの賃貸借契約解約に基づく明渡請求に応じても相続放棄できるか

　　　　・家財を処分しても相続放棄できるか

【13】　債務超過ではあるが自宅や事業用資産を取得できるのか？……………………………………………33

POINT　・限定承認後の先買権行使により特定の遺産を確実に取得することができる

【14】　相続人が相続放棄をしつつ遺贈により遺産を取得できるのか？……………………………………35

POINT　・相続放棄をしつつ遺贈は受けるということは可能なのか

　　　　・包括遺贈の場合と特定遺贈の場合で違いはあるのか

【15】　包括遺贈の放棄の落とし穴……………………………………38

POINT　・包括遺贈の放棄は、家庭裁判所に対する包括遺贈放棄の申述が必要

　　　　・熟慮期間経過後は包括遺贈の放棄は認められないのか

【16】　限定承認の落とし穴……………………………………………41

POINT　・限定承認するとみなし譲渡所得課税が発生する

　　　　・限定承認に伴う譲渡所得税の申告は準確定申告で4か月以内に行う必要がある

【17】　相続放棄すると相続税の基礎控除で不利となるのか？………43

POINT　・相続税の基礎控除は、相続人1人当たり600万円だが、相続人の数が減ると控除額も減るか

4　　　　　　　目　　次

第3章　遺言書

【18】　一生身の回りの世話をして生活費をくれるなら、自宅
　　　　土地建物をやるという死因贈与契約の落とし穴………………47

　　POINT　・死因贈与契約を取り消すことはできるのか？
　　　　　　・どのような事例であれば取り消すことができるの
　　　　　　　か？

【19】　無効な遺言は相続において何の意味も持たないのか？………49

　　POINT　・無効な遺言でも死因贈与契約として効力が認められ
　　　　　　　る場合がある
　　　　　　・無効な遺言でも持戻し免除の意思表示を認定する根
　　　　　　　拠となる場合がある

【20】　改訂　長谷川式簡易知能評価スケール（HDS－R）の
　　　　落とし穴…………………………………………………………52

　　POINT　・改訂　長谷川式簡易知能評価スケール（HDS－R）
　　　　　　　が30点満点中13点の場合、遺言能力が認められるの
　　　　　　　か
　　　　　　・改訂　長谷川式簡易知能評価スケール（HDS－R）
　　　　　　　が30点満点中5点の場合、遺言能力が認められない
　　　　　　　のか
　　　　　　・改訂　長谷川式簡易知能評価スケール（HDS－R）
　　　　　　　の点数だけで遺言能力が判断できるのか

【21】　未分割の不動産の持分を遺贈する場合の落とし穴……………55

　　POINT　・そもそも未分割の不動産の持分を遺贈できるのか
　　　　　　・「相続させる」遺言で相続人が取得した場合と、「遺
　　　　　　　贈」で第三者が取得する場合で、取扱いに差異はあ
　　　　　　　るのか

【22】　母親の面倒を見ることを条件とする遺贈の落とし穴…………57

　　POINT　・そもそも負担付遺贈といえるのか
　　　　　　・受贈者が約束に反して母親の面倒を見ない場合、遺
　　　　　　　贈の効力はどうなるのか
　　　　　　・どのような場合であれば、遺贈の取消しが認められ
　　　　　　　るか

目　次　　5

【23】　遺言に預貯金残高は記載しておいた方がよいのか？…………61

POINT　・遺言に預貯金残高まで記載するべきではない

【24】　相続人でない受遺者の情報としては氏名・住所を記載
しておけば十分なのか？……………………………………63

POINT　・相続人でない受遺者については、氏名・住所と共に
本籍地も記載しておくべき

【25】　「相続させる」旨の遺言と代襲相続の落とし穴………………65

POINT　・「相続させる」旨の遺言については、基本的には代
襲相続を認めないのが実務上の趨勢であるが、具体
的事情によって認める場合も想定される

・解釈に疑義が生じそうな場合には、予備的条項を入
れるなどの工夫が必要

【26】　受遺者が先に死亡した場合の処理はどうなるか？……………68

POINT　・民法994条により先死者への遺贈は無効となり遺贈
財産は民法995条によって相続人に帰属するのが原
則

・ただし、遺言書に「その他一切の財産」についての
記述がある場合はその内容に従うこととなる

【27】　遺言執行者に清算権限を与えて各相続人に分配させる
という方法の登記上・税務上の落とし穴……………………70

POINT　・清算型遺贈の効力

・清算型遺贈による不動産の売却に必要な登記手続

・清算型遺贈と譲渡所得税

【28】　「その余の一切の……」の遺言文言に潜む落とし穴…………73

POINT　・「その余の一切の……」という遺言文言を入れてお
けば常に遺産分割は不要か？

【29】　受遺者の意思を確認しておくことは重要なのか？……………76

POINT　・遺贈であれば本当に一方的な意思表示のみで足りる
のか

目　次

【30】 包括遺贈があるが債務を免れたい場合の落とし穴……………80

> POINT
> ・相続人資格者全員の相続放棄申述申立てが受理され
> ても、通常の相続放棄とは別に包括遺贈放棄の申述
> 申立てをして受理されない限り包括受遺者は相続債
> 務を免れない

【31】 遺言による認知の落とし穴………………………………83

> POINT
> ・遺言による認知であればＤＮＡ鑑定は必要ないか
> ・ＤＮＡ鑑定の結果を誰かに知らせておくべきか

【32】 固定資産評価証明書に基づいて不動産を特定するの
か？…………………………………………………………86

> POINT
> ・固定資産評価証明書と不動産登記簿の記載が異なる
> 場合がある

【33】 遺産の中に私道がある場合でも遺言書に書かなくても
よいか？……………………………………………………88

> POINT
> ・私道について遺言書に記載がない場合にはどうなる
> のか

【34】 遺言書に「有価証券」「預金」「株式」と記載する場合
の落とし穴…………………………………………………91

> POINT
> ・遺言書の「有価証券」に預金は含まれると解釈でき
> るか
> ・遺言書の「株式」に投資信託等は含まれると解釈で
> きるか
> ・誤解がないようにするにはどのように特定すればよ
> いのか

【35】 遺言書に「金融資産」と記載する場合の落とし穴……………93

> POINT
> ・遺言書に記載した「金融資産」に現金が含まれるか
> 否かで争いになるのか

【36】 貸金庫開扉権限を記載する場合の落とし穴………………95

> POINT
> ・貸金庫開扉権限を記載してかえって紛争となる場合
> もある

目　　次　　7

【37】　在外資産がある場合の遺言の落とし穴…………………97

POINT ・日本の遺言だけでは、在外資産の引渡しや名義変更
がスムーズにいかないことがある

【38】　特定物件を遺贈する遺言が包括遺贈とされることがあ
るのか？……………………………………………………99

POINT ・遺言書に包括遺贈と記載されていなくても、遺言書
全体の趣旨から包括遺贈と解釈できる場合もある

【39】　遺言書に遺言執行者の報酬が定められていない場合は
どうするのか？…………………………………………104

POINT ・遺言書に遺言執行者の報酬が定められていない場合
でも、常に家庭裁判所の審判が必要なわけではない
・むしろ、第一次的には相続人等との協議により、報
酬の合意を形成することが実務的

【40】　生前贈与後に遺言を作成する場合の落とし穴…………107

POINT ・将来遺留分減殺請求されない遺言書を作成せよ
・特別受益に当たる贈与は、遺言書に目的物価額や贈
与金額を明示しておけ

【41】　不動産の特定が不十分で登記できない場合はどうする
か？…………………………………………………………110

POINT ・被相続人名義の倉庫及び敷地につき相続を原因とす
る所有権移転登記を求める際の訴えの種類は、所有
権移転登記手続請求か所有権確認請求か

＜他項目参照＞
○次の内容は**第1章**に掲載しています。
　【7】　遺言書に記載すれば相続人の廃除が必ず認められるの
　　　か？……………………………………………………15
　【10】　遺言書の検認申立てをしない相続人は相続欠格となるの
　　　か？……………………………………………………23
　【11】　遺言書破棄で相続欠格を主張する場合、相続欠格となる
　　　相続人のみを被告とすればよいか？……………………27

8　　　　　　　　　　目　　次

第4章　遺言執行

【42】　相続人の処分権限が制限される旨記載した就職通知を
　　　出すべきなのか？……………………………………………115

　　POINT　・遺言執行者は相続人に就職通知を発送すべきか否か

　　　　　　・遺言執行者が就職通知を発送しない間に相続人が勝
　　　　　　手に遺産を処分した場合、遺言執行者が責任を問わ
　　　　　　れることはないのか

【43】　遺留分減殺請求がされている場合であっても、遺言書
　　　の記載に従い遺留分を無視して執行してよいか？………119

　　POINT　・遺留分減殺請求権の法的性質につき物権的効果を生
　　　　　　ずるか否かによって、執行の可否が変わる

【44】　遺言執行者が葬儀費用を相続財産から支出してよいの
　　　か？……………………………………………………………123

　　POINT　・遺言執行者の権限が及ぶ範囲は、遺言の執行に関す
　　　　　　る事項であるところ、葬儀費用の支出は、同人の生
　　　　　　前債務の弁済とも、遺言執行の費用ともいえず、相
　　　　　　続財産から葬儀費用を支出することは、理論上は困
　　　　　　難である

　　　　　　・意見の対立が予想されるような場合には、葬儀費用
　　　　　　の額や、その精算方法について事前に相続人等と協
　　　　　　議し、同意を受けておくなどの対応が必要

【45】　遺言執行者の提起した訴訟が遺言無効で却下された場
　　　合の訴訟費用は誰が負担するか？…………………………127

　　POINT　・遺言無効を理由に訴え却下がされた場合には、無権
　　　　　　代理行為として遺言執行者個人が訴訟費用を負担す
　　　　　　ることになる

　　　　　　・遺言無効のリスクが予想されるような場合には、事
　　　　　　前に相続人等と協議し、無権代理行為と評価された
　　　　　　場合の最終的な費用負担者を定めておくこと等が必
　　　　　　要となる

【46】 遺言執行者は、遺留分のない相続人に対しても相続財産目録等の交付義務を負うのか？……………………130

POINT ・遺言執行者は、相続財産目録の交付義務、遺言執行状況の報告義務を負う

・遺言執行者は、遺留分を有しない相続人に対してもこれらの義務を負う

・遺言執行の余地がない場合にはこれらの義務を負わないとした審判例もある

【47】 遺言の無効を主張する相続人がある場合、遺言執行者はどう処理するのか？……………………135

POINT ・遺言の有効性の検討は遺言執行者の義務か

・遺言能力の検討のため遺言執行者がするべき調査は何か

・遺言の無効を主張する相続人がある場合に遺言執行者は執行義務を免れられないか

【48】 遺言執行者たる弁護士は遺留分減殺請求を受ける相続人の代理人となれるのか？……………………144

POINT ・遺言執行終了後でも相続人の代理人となれないのか

・懲戒請求事案で最終的に非行に該当しないという結果が出れば、それでよいのか

＜他項目参照＞

○次の内容は第1章に掲載しています。

【9】 「一切相続させない」という遺言文言の落とし穴……………20

○次の内容は第3章に掲載しています。

【27】 遺言執行者に清算権限を与えて各相続人に分配させるという方法の登記上・税務上の落とし穴……………70

【39】 遺言書に遺言執行者の報酬が定められていない場合はどうするのか？……………………104

第5章　遺留分

【49】 遺留分減殺請求に関する手続選択の落とし穴……………151

> POINT
> ・遺留分減殺請求は、調停前置主義の対象だが、必須ではない
> ・遺留分減殺請求調停申立書を提出しても、必ずしも減殺請求権を行使したことにはならない

【50】 遺言の効力を争うときの落とし穴……………………………154

> POINT
> ・遺言無効の確認請求が棄却された時に、初めて遺留分の侵害を認識したとの弁解は認められない可能性が高い
> ・少なくとも予備的には遺留分減殺の意思表示をしておくことが重要

【51】 「現金で贈与を受けた」のか「不動産で贈与を受けた」のかでは大違いなのか？…………………………………………157

> POINT
> ・特別受益の対象となる財産の評価は、相続開始時の評価で行われる
> ・現金と不動産では、相続開始時までの評価額の変動幅が大きく異なることから、これらを自覚的に整理・区別して主張することが重要

【52】 相続人に対する生前贈与と遺留分減殺請求の落とし穴………160

> POINT
> ・特別受益は常に遺留分減殺請求の対象となるのか
> ・特別受益を受けた相続人が相続放棄をした場合はどうなるのか

【53】 遺留分侵害額の計算の落とし穴………………………………163

> POINT
> ・減殺者が受領すべき未分割遺産の取扱い
> ・被減殺者の遺留分をどう扱うか
> ・減殺対象物件の価額に応じた減殺額の割り振り

目　　次　　　　11

第6章　遺産分割

【54】　後見人と被後見人の遺産分割協議（後見人に著しく有
　　　利な結果となった場合）の落とし穴……………………………169

> POINT　・後見人と被後見人の遺産分割協議において、被後見
> 　　　　人に特別代理人が選任された場合であっても、後見
> 　　　　人に著しく有利な結果となった場合には、これをさ
> 　　　　らに取り消し得ると判断した判例がある
> 　　　　・未成年者との比較においても、被後見人をより強く
> 　　　　保護しようという実務の傾向があることに注意

【55】　後見人と被後見人の遺産分割協議（特別代理人が選任
　　　されなかった場合）の落とし穴…………………………………172

> POINT　・後見人と被後見人の遺産分割協議において、特別代
> 　　　　理人が選任されなかった場合は、原則として無効
> 　　　　・例外的に、被後見人が全ての遺産を取得するような
> 　　　　場合には、有効と認められる

【56】　預貯金以外の賃料債権や、貸付金返還請求権等は当然
　　　分割となるのか？……………………………………………………176

> POINT　・遺産分割当事者全員の合意がない限り、遺産分割の
> 　　　　対象とならない一般の可分債権
> 　　　　・昭和29年4月8日の最高裁判例は最高裁大法廷平成28
> 　　　　年12月19日決定により変更されたか

【57】　一部の相続人に遺産の一部を先行して渡し、相続人か
　　　ら切り離す場合の落とし穴…………………………………………178

> POINT　・まず一部遺産分割協議を行う
> 　　　　・その次に相続分譲渡を行う
> 　　　　・相続分の放棄は推奨されない

【58】　相続債務残存の可能性がある場合に相続分の譲渡を行
　　　うときの要検討事項とは？…………………………………………182

> POINT　・相続分譲渡をすると相続債務はどうなるか？
> 　　　　・確実に債務を免れたいなら相続放棄

【59】 非協力的な相続人がいる場合の裁判所選択についての誤解……………………………………………………184

POINT ・任意の遺産分割協議に協力しない共同相続人がいる場合の調停の種類や管轄裁判所の選択

【60】 収益物件の収益を独り占めしている相続人がいる場合の対処法とは？……………………………………………188

POINT ・不当利得の訴訟
・審判前の保全処分としての遺産管理者の選任は検討の余地あり
・どのような事案であれば保全の必要性が認められるか

【61】 遺産である建物を共同相続人の一人が占拠している場合の対処法とは？……………………………………192

POINT ・遺産である建物を占拠する相続人に対する明渡請求は可能か
・遺産である建物を占拠する相続人に対して賃料相当損害金を請求できるのか

【62】 一部の遺産について先行して遺産分割する場合の落とし穴………………………………………………………196

POINT ・一部遺産分割が、残余遺産の分割においてどのような影響を及ぼすのかを明確にしておくべき
・そのための具体的文言

【63】 債務を負担しないという遺産分割協議に意味はあるのか？……………………………………………………200

POINT ・債務を確実に免れるなら相続放棄
・相続放棄によって出現する次順位の相続人によって、かえって処理が困難となる場合もある

【64】 代償金の支払を担保できるのか？……………………204

POINT ・被相続人名義では相続を原因とする所有権移転登記と代償金支払を引換給付にはできない
・法定相続分の共同相続登記を具備すれば代償金支払と共有持分移転登記との引換給付が可能

【65】 父の遺産分割における不公平を母の遺産分割で考慮できるのか？……………209

　　POINT
- ・父の遺産分割時にした将来の母の遺産分割に関する約束の効力
- ・父の遺産分割時の約束をできる限り確実に実現させるための方法とその限界

【66】 代償分割を希望する場合の落とし穴……………214

　　POINT
- ・代償分割という方法は希望すれば認めてもらえるのか

【67】 換価分割の場合の諸費用や税金は誰がどのように負担するのか？……………217

　　POINT
- ・遺産の売却代金は本来、遺産分割の対象外
- ・遺産の売却に伴い登記費用、測量費用、仲介手数料、所得税・住民税などが発生するので、それらの負担を意識した合意をする必要がある
- ・換価分割による譲渡所得税、住民税などの課税を意識した合意をする必要がある

【68】 代償分割の場合の代償金は税務上取得費として認められるのか？……………220

　　POINT
- ・譲渡所得の計算の根拠は所得税法の規定
- ・代償分割で取得した財産を譲渡する際、代償金を取得費に算入できないとするのが判例
- ・代償分割で財産を取得する相続人が合意に当たり考慮すべき、将来の財産売却時の譲渡所得税

【69】 代償分割の場合の代償金を裁判所が定める際、譲渡所得税はどのように考慮されるのか？……………224

　　POINT
- ・代償分割で不動産を取得した相続人のみが、後に譲渡所得税を負う不公平が生じ得る
- ・審判では、代償金額の算定の際に譲渡所得税を考慮しないのが原則

【70】 遺言と異なる遺産分割はできるのか？……………………226

POINT ・相続させる旨の遺言には、即時権利移転の効力あり
・一旦遺言に基づく登記をし、「贈与」などを原因として持分移転登記手続をする必要がある、相続させる旨の遺言と異なる合意
・贈与税が課税される可能性があり注意が必要な分配金

第7章 寄与分・特別受益

【71】 特別受益と寄与分が問題となる場合の対象財産評価の落とし穴……………………231

POINT ・特別受益・寄与分が認められる場合の具体的相続分の評価の基準時は、相続開始時
・現実の分割における評価の基準時は、分割時
・特別受益・寄与分を主張する場合には相続開始時と鑑定現在時との2時点での評価が必要

【72】 生命保険金は特別受益とならないのか？……………………233

POINT ・特段の事情が認められる場合は生命保険金も持戻しの対象となる
・特段の事情とは例えばどのような事情か？

【73】 特別受益は持戻しが原則なのか？……………………239

POINT ・特別受益の持戻しが認められるのはむしろ例外的
・特別受益性の否定、持戻し免除意思の推認
・改正民法（相続法）〔1年以内施行〕による持戻し免除の意思の推定規定の新設

【74】 被相続人の家に無償で居住していることは特別受益となるのか？……………………242

POINT ・無償居住は特別受益だという主張は認められるのか
・親との同居でない場合はどうか
・収益物件に無償で住んでいた場合はどうか

目　次　　15

＜他項目参照＞

○次の内容は**第3章**に掲載しています。

【40】　生前贈与後に遺言を作成する場合の落とし穴………………107

○次の内容は**第5章**に掲載しています。

【51】　「現金で贈与を受けた」のか「不動産で贈与を受けた」
のかでは大違いなのか？………………………………………157

第8章　遺産分割の前提問題・付随問題

【75】　遺言書が作成されていない場合に葬儀費用を相続財産
から支出できるのか？……………………………………………247

POINT　・葬儀費用の負担者については諸説あり、当然に相続
財産から支出することが許されるわけではない

・最終的には葬儀費用が喪主負担となる可能性もある
が、実務的には、相続財産からの支出を他の相続人
があえて争わないというケースが多い

【76】　遺言書の記載に従い葬儀費用を相続財産から支出でき
るのか？……………………………………………………………249

POINT　・葬儀費用は法律上の遺言事項ではなく、また、そも
そも遺言執行者の権限が及ばない事項であることか
ら、相続財産から葬儀費用の支出を認める理論的な
説明は簡単ではない

・遺言書の記載が実質的に死後事務委任契約であると
解釈することも可能ではあるが、その場合、遺言書
の中に単独行為と契約が混在することになる

・相続人間で葬儀費用について争いが予想される事案
においては、別途、死後事務委任契約書を作成して
おくなど、事前の対応が求められる

【77】 相続放棄を予定している場合に葬儀費用を相続財産から支出してもよいのか？……………………………………………252

POINT ・費消した相続財産が僅少であったり、相続債務があることを認識せずに相続財産を費消した場合など、個別の事情が考慮されて、後の相続放棄を認めた判例はいくつかある
・個々の事案において、必ず後の相続放棄が認められるとは限らず、相続財産から葬儀費用等の支出をすることにはリスクがあることに注意が必要

【78】 相続人以外の共有者も存在する不動産の処理の落とし穴………………………………………………………………255

POINT ・まず遺産分割か、それともまず共有物分割か？
・実務的には一般調停で相続人以外も当事者として話し合うことを目指す

【79】 老親の扶養・介護をするという約束を前提とした遺産分割の落とし穴………………………………………257

POINT ・扶養・介護の約束不履行による遺産分割協議の法定解除、合意解除の可否
・扶養・介護の実現のため、遺産分割とは別に必要な対策―居住権確保、少しずつ財産を生前贈与
・母親の財産管理のため検討余地のある手段―任意代理契約、信託の設定

【80】 遺産名義が被相続人と異なる場合の処理の落とし穴…………262

POINT ・相続人名義の財産を遺産分割の対象とするためとるべき手続
・第三者名義の財産を遺産分割の対象とするためとるべき手続
・被相続人名義の財産につき相続人に帰属するという主張がある場合にとるべき手続

【81】 共同相続した非上場株式の議決権については、相続分の割合に応じて行使するのか？……………………………266

POINT ・相続分の過半数での決定により、権利行使者を指定し、かつ会社に通知することにより権利行使しなければならない遺産分割前の相続株式

【82】 公営住宅の賃借権の処理の際の落とし穴………………………269

> POINT ・公営住宅の入居者が死亡した場合、同居の親族は居住を継続することはできないのか

＜他項目参照＞
○次の内容は第2章に掲載しています。
　【12】 賃借物件を引き払うと相続放棄できなくなるのか？…………31

第9章　遺産分割後のトラブル

【83】 地裁や高裁で和解し遺産について不動産登記をする際の落とし穴……………………………………………………273

> POINT ・「○○は、○○の土地を取得する。」という和解条項で所有権移転登記ができるか

【84】 遺産分割協議において不動産が一部漏れていた場合はどうなるのか？………………………………………………276

> POINT ・遺産分割は無効となるのか？
> ・無効とならない場合、どのようにして処理するのか？

【85】 遺産分割後に多額の債務があることが判明した場合はどうなるのか？………………………………………………279

> POINT ・遺産の処分行為をしているので、法定単純承認として、もはや相続放棄できないのか

【86】 遺産分割で取得した土地の面積が不足していた場合はどうなるのか？………………………………………………281

> POINT ・土地の面積不足が数量に関する契約不適合に当たるか
> ・数量不足の場合の買主救済規定が不動産を対象とする遺産分割に準用される場合は限定される
> ・請求の具体的内容（代金減額請求、解除、損害賠償請求）

18 目　次

【87】　遺産分割で取得した土地の隣地所有者と境界争いが発
　　　生した場合はどうなるのか？……………………………………289

　　　POINT　・土地の境界が明確でないことが契約（遺産分割協議）
　　　　　　　　の内容に適合しないといえるか

　　　　　　　・請求の具体的内容（代金減額請求、損害賠償請求、
　　　　　　　　解除）

　　　　　　　・錯誤無効の主張は認められるか。ただし、錯誤無効
　　　　　　　　は改正民法（債権法）では、「取り消すことができる」
　　　　　　　　となる

【88】　遺産分割後に土壌汚染があることが判明した場合はど
　　　うなるのか？………………………………………………………297

　　　POINT　・土壌汚染が契約（遺産分割協議）の内容に適合しな
　　　　　　　　いといえるか

　　　　　　　・不適合（瑕疵）の判断基準時

【89】　遺産分割後に母子関係の存在を確認する判決が確定し
　　　た場合はどうなるのか？……………………………………………300

　　　POINT　・遺産分割後に母子関係の存在を確認する判決が確定
　　　　　　　　した場合の遺産分割の効力

　　　　　　　・民法910条の類推適用の可否

　　　　　　　・遺産分割協議が無効であることを争う者がある場合
　　　　　　　　に必要な遺産分割協議無効確認の訴え

【90】　遺産分割で取得した土地に土壌汚染が判明した場合、
　　　相続税について更正の請求ができるのか？………………………304

　　　POINT　・国税庁の見解（原則として更正の請求はできない）

　　　　　　　・土壌汚染を理由として物納許可が取り消された場合
　　　　　　　　は、例外的に更正の請求が認められる

＜他項目参照＞

○次の内容は**第2章**に掲載しています。

　【16】　限定承認の落とし穴………………………………………………41

　【17】　相続放棄すると相続税の基礎控除で不利となるのか？………43

○次の内容は**第6章**に掲載しています。

【65】 父の遺産分割における不公平を母の遺産分割で考慮でき
るのか？……………………………………………………………209

【67】 換価分割の場合の諸費用や税金は誰がどのように負担す
るのか？……………………………………………………………217

【68】 代償分割の場合の代償金は税務上取得費として認められ
るのか？……………………………………………………………220

【69】 代償分割の場合の代償金を裁判所が定める際、譲渡所得
税はどのように考慮されるのか？……………………………224

○次の内容は**第8章**に掲載しています。

【79】 老親の扶養・介護をするという約束を前提とした遺産分
割の落とし穴………………………………………………………257

第 1 章

相続人・法定相続分

2

第1章 相続人・法定相続分

【1】 相続人の範囲及び法定相続分の落とし穴

　相続人の範囲及び法定相続分の割合は、被相続人が死亡した時期によって異なるのか。

| POINT | ・相続開始時期によって相続人の範囲は異なる
・相続開始時期によって法定相続分の割合は異なる |

| 誤認例 | 相続開始時期の如何を問わず、相続人の範囲及び法定相続分の割合は同じである。 |

| 本当は | 相続開始時期により、相続人の範囲及び法定相続分の割合は異なる。 |

解　説

　相続開始時期により適用法令等が異なる結果、相続人の範囲及び法定相続分の割合も異なってきます。相続開始時期ごとの適用法令等は以下のとおりです。

1　昭和56年1月1日以降に開始した相続

　現行民法（昭和55年法律51号による改正後の民法）が適用されます。

　ただし、最高裁大法廷平成25年9月4日決定（民集67・6・1320）及び平成25年改正（平成25年法律94号による改正）により、嫡出でない子の相続分には以下の相違があります（詳細は【5】参照）。

① 平成25年9月5日以降に開始した相続

嫡出でない子の相続分は嫡出子の相続分と同等（平成25年改正による改正後の民900）。

② 平成13年7月1日から平成25年9月4日までに開始した相続

上記最高裁大法廷決定は、遅くとも平成13年7月当時には民法900条4号ただし書の規定のうち嫡出でない子の相続分を嫡出子の2分の1とする部分は憲法違反であったと示す一方で、この違憲判断は、同月から平成25年9月4日までの間に開始された相続について、遺産分割の審判等により確定的なものとなった法律関係には影響を及ぼさないと示しました。そのため、平成13年7月1日から平成25年9月4日までに開始した相続については、以下のとおりとなります。

嫡出でない子の相続分は嫡出子の相続分と同等。ただし、遺産の分割の審判その他の裁判、遺産の分割の協議その他の合意等により確定的なものとなった法律関係には影響しません（上記最高裁大法廷決定）。

③ 平成12年10月から平成13年6月までに開始した相続

平成25年改正により削除された民法900条4号ただし書前段の規定の憲法適合性については、いまだ最高裁で判断されていない状態にあるため、相続人として嫡出子と嫡出でない子が存在し、いまだ「確定的なものとなった法律関係」になっていない場合には、上記最高裁大法廷決定が適用されるか否か争いの余地があります。なお、平成12年9月に相続が開始した事案については、最高裁が合憲と判断しています。

2 昭和23年1月1日から昭和55年12月31日までの間に開始した相続

昭和55年法律51号による改正前の民法（昭和22年法律222号による改正後の民法）が適用されます。

第1章　相続人・法定相続分　　5

　ただし、昭和37年に改正（昭和37年法律40号による改正）がなされており、その前後で若干の相違があります。

3　昭和22年5月3日から昭和22年12月31日までの間に開始した相続

　「日本国憲法の施行に伴う民法の応急的措置に関する法律」（昭和22年法律74号）が適用されます。

4　明治31年7月16日から昭和22年5月2日までの間に開始した相続

　いわゆる「旧民法」が適用されます。これ以前は無視してもよいでしょう。

（新井　教正）

【2】 養子の子に養親の代襲相続権はあるのか？

　私には養子Ａがいたが、先日Ａが死亡した。Ａには子Ｂがいるが、Ｂは私の代襲相続人に当たるのか。

| POINT | ・養子縁組前に出生した養子の子に養親の代襲相続権はあるのか
・養子縁組後に出生した養子の子に養親の代襲相続権があるのか |

| 誤認例 | 養子の子に養親の代襲相続権はない。 |

| 本当は | 養子縁組前に出生した養子の子には養親の代襲相続権はないが、養子縁組後に出生した養子の子には養親の代襲相続権がある。 |

解　説

　被相続人の子の子が代襲相続人となるためには、その子が被相続人の直系卑属でなければなりません（民887②ただし書）。
　養子縁組による親族関係の発生について、「養子」と「養親及びその血族」との間に血族関係が生じるとされていますが、「養親」と「養子の血族」との間に血族関係が生じるとはされていません（民727）。
　養子縁組後に出生した養子の子については、出生時において既に養

子と養親との間に血族関係が生じており、養親の直系卑属となるため、代襲相続権があります。

これに対し、養子縁組前に出生した養子の子については、養親と養子の血族との間には血族関係は生じず、養親の直系卑属にならないため、代襲相続権はありません。

（新井　教正）

【3】 養子には、実方の父母及びその血族の相続について相続権はあるのか？

私はAの養子になっているが、実方の父母及びその血族の相続について相続権は認められないのか。

POINT	・特別養子には養子縁組後に生じた実方の父母及びその血族の相続について相続権はあるのか ・普通養子には養子縁組後に生じた実方の父母及びその血族の相続について相続権はあるのか

誤認例	養子には、養子縁組後に生じた実方の父母及びその血族の相続について相続権はない。

本当は	特別養子には、養子縁組後に生じた実方の父母及びその血族の相続について相続権はないが、普通養子には、養子縁組後に生じた実方の父母及びその血族の相続についても相続権がある。

解説

特別養子については、特別養子縁組により実方の父母及びその血族との親族関係が終了するとされています（民817の9）が、普通養子については、そのような規定はなされていません。

（新井　教正）

第1章　相続人・法定相続分　　　　　9

【4】 夫婦の一方のみと養子縁組をしている場合の落とし穴

　私はAの養子になっているが、Aの妻であるBとは養子縁組をしていない。私にBの相続についての相続権は認められるのか。

| POINT | ・夫婦の一方とのみ養子縁組をしている養子に、養親の配偶者の相続について相続権はあるのか |

| 誤認例 | 夫婦の一方とのみ養子縁組をしている養子でも、養親の配偶者の相続について相続権が認められる。 |

| 本当は | 夫婦の一方とのみ養子縁組をしている養子には、養親の配偶者の相続について相続権は認められない。 |

解　説

　養子縁組により、「養子」と「養親及びその血族」との間には血族関係が生じます（民727）が、養親の配偶者は、養親の親族ではあるものの血族ではなく（民725）、養子と養親の配偶者との間に血族関係は生じません。

（新井　教正）

【5】 嫡出子・嫡出でない子の相続分の落とし穴

　被相続人Ａの相続人は子Ｂ、Ｃ、Ｄのみであるが、Ｂ、Ｃが嫡出子であり、Ｄが嫡出でない子である。Ａが亡くなったのは、平成24年である。

　まだ、遺産分割を行っていない。

　一方、最高裁大法廷平成25年9月4日決定に基づき、平成25年12月に民法が改正され、嫡出子と嫡出でない子の相続分が同じとなった。

　そこで、平成25年9月5日以降に開始した相続については、改正後の民法が適用され、嫡出子と嫡出でない子の相続分は同じとなる。

　では、改正後の民法が適用されない平成25年9月4日以前に開始した相続における、Ｂ、Ｃ、Ｄの法定相続分については、どのように考えたらよいのか。

　Ａが亡くなったのが、平成13年8月ではどうか。

　Ａが亡くなったのが、平成13年5月ではどうか。

POINT
- 最高裁大法廷平成25年9月4日決定は過去の相続に影響するのか
- 被相続人の死亡が平成13年8月である場合はどうか
- 被相続人の死亡が平成13年5月である場合はどうか

誤認例
平成25年12月11日の民法改正による、嫡出でない子の相続分の変更は、遡及適用されず、Ａが亡くなったのが、平成24年であっても、平成13年8月であっても、平成13年5月であっても、Ｄの法定相続分はＢ、Ｃの法定相続分の2分の1である。

第1章　相続人・法定相続分　　　11

| 本当は | 平成13年7月1日から平成25年9月4日までの間にAが亡くなっていても、これから遺産分割を行う場合は、最高裁大法廷平成25年9月4日決定による影響を受ける。
そのため、Aが亡くなったのが、平成24年及び平成13年8月の場合、B、C、Dの法定相続分はそれぞれ3分の1ずつである。
一方、平成13年5月にAが亡くなっていた場合、上記最高裁大法廷決定の影響は受けず、Dの法定相続分はB、Cの法定相続分の2分の1である（ただし、争う余地はある。）。 |

解　説

　平成25年9月4日に、最高裁大法廷は、民法900条4号ただし書の規定のうち嫡出でない子の相続分を嫡出子の2分の1とする部分は憲法違反であるとしました（最大決平25・9・4判時2197・10）。それを受けて、平成25年12月5日、民法の一部を改正する法律が成立し、嫡出でない子の相続分が嫡出子の相続分と同等になりました（平成25年12月11日公布、同日施行）。

　上記最高裁大法廷決定は平成13年7月に死亡した被相続人の遺産分割が争われた事案です。

　上記最高裁大法廷決定は、遅くとも平成13年7月当時には憲法違反であったとしつつ、この違憲判断は、同月から平成25年9月4日までの間に開始された相続について、遺産分割の審判等により確定的なものとなった法律関係には影響を及ぼさないと示しました。

　そこで、平成13年7月1日から平成25年9月4日までの間に開始した相

続であっても、遺産分割の協議や裁判が終了しているなど、上記最高裁大法廷決定が判示する「確定的なものとなった法律関係」に当たる場合には、その効力は覆りません。

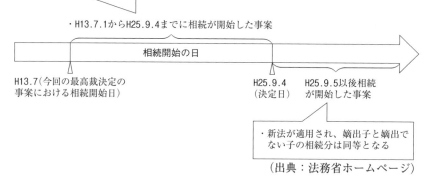

（出典：法務省ホームページ）

なお、平成12年10月から平成13年6月までの期間については、本件規定の憲法適合性は最高裁で判断されていない状態です（平成12年9月に相続が開始した事案については、最高裁が合憲と判断しています。）。そこで、この間に相続が発生し、相続人間で嫡出子と嫡出でない子が存在し、いまだ「確定的なものとなった法律関係」になっていない場合には、上記最高裁大法廷決定が適用されるか否か争いの余地はあるといえます。

また、どのような場合が、上記最高裁大法廷決定が適用されることとなる「確定的なものとなった法律関係」に当たるかについては、最終的には裁判所の判断に委ねられています。

第1章　相続人・法定相続分　　13

《参考となる判例》
○①民法900条4号ただし書前段の規定が、遅くとも平成13年7月当時におい
　　て、憲法14条1項に違反していた。
　②民法900条4号ただし書前段の規定が遅くとも平成13年7月当時におい
　　て憲法14条1項に違反していたとする最高裁判所の判断は、上記当時か
　　ら本件判断時までの間に開始された他の相続につき、同号ただし書前
　　段の規定を前提としてされた遺産の分割の審判その他の裁判、遺産の
　　分割の協議その他の合意等により確定的なものとなった法律関係に影
　　響を及ぼすものではない。(最大決平25・9・4判時2197・10)

（髭野　淳平）

【6】 廃除しても代襲相続があるのか？

　私には、推定相続人として長男と二男がいる。現在、長男家族（妻と子二人）と同居しているが、長男の暴言や暴力が激しく、長男家族も見て見ぬふりをしている。状況を見かねた二男が一緒に暮らそうと言ってくれていることもあり、長男やその家族に私の財産を相続させないために長男を廃除することを考えている。長男を廃除すれば、長男及びその家族に相続させないという目的を達することができるか。

| POINT | ・廃除は代襲原因である |

| 誤認例 | 長男を廃除すれば、長男及びその家族に相続させないという目的を達することができる。 |

| 本当は | 長男を廃除しても、長男の子が代襲相続するため、長男及びその家族に相続させないという目的を達することはできない。 |

解　説

　民法887条2項において、被代襲者の死亡のみならず、被代襲者の相続欠格及び廃除も代襲原因として規定されています。

（新井　教正）

【7】 遺言書に記載すれば相続人の廃除が必ず認められるのか？

　被相続人Ａは、生前、その法定相続人Ｂにつき、いろいろと苦労をかけられたとして、秘かに相続人から廃除したいと考え、遺言書にその旨記載した。これにより当然にＢは相続人から廃除されるか。

POINT
- 遺言書に記載しても相続人廃除が必ず認められるというものではない
- 廃除したい根拠・資料について遺言執行者に引き継いでおくべき

| 誤認例 | 遺言書により相続人の廃除の意思表示が記載されている以上、当然にＢを相続人から除外して遺言執行することができる。 |

| 本当は | 遺言書に相続人廃除の意思表示が記載された場合でも当然に廃除されるものではなく、遺言執行者から家庭裁判所に対して相続人廃除の申立てを行い、これを認める審判が確定する必要がある。なお、遺言書に遺言執行者の記載がなければ、まず家庭裁判所に民法1010条に定める遺言執行者選任の申立てを行い、これにより選任された遺言執行者により相続人廃除の申立てを行う必要がある。 |

16　　　第1章　相続人・法定相続分

解　説

　推定相続人の廃除は、①被相続人に対する虐待、②被相続人に対する重大な侮辱、③推定相続人の著しい非行のいずれかに該当する場合に、被相続人の意思により推定相続人の相続権を剥奪するという制度であり（民892）、その意思表示は遺言によっても行うことができるとされています（民893）。

　しかしながら、廃除が相続権の剥奪という重大な効果を生じるものである以上、いずれの廃除事由にせよ、被相続人の主観的な判断では足りず、客観的に被相続人との間の相続的協同関係を破壊する可能性を含む程度のものである必要があるとされています。したがって、例えば、一時的な感情にかられての行為や、廃除事由の作出につき被相続人側にも責任の一端があると認められるような場合には、裁判実務上は廃除事由を否定する傾向にあるといえます。特に遺言によって廃除の意思表示が行われた場合には、被相続人が生前に廃除の意思表示をする場合と異なり、廃除の意思表示が判明したときには既に被相続人は死亡しているため、廃除事由に該当する具体的事実を明らかにできない事態が想定されます。もちろん、遺言内容を実現すべき遺言執行者としては、廃除の意思表示が遺言に記されている以上、その内容を実現すべく、まず、家庭裁判所に相続人廃除の申立てをした上で（民893）、可能な範囲で廃除事由に該当する具体的な事実の有無を調査し、その存在を家庭裁判所に立証していくことが求められますが、現実にはその立証にはかなりの困難を伴うものと思われます。特に遺言書に遺言執行者の記載がなければ、まず家庭裁判所に民法1010条に定める遺言執行者選任の申立てを行い、これにより選任された遺言執行者が相続人廃除の申立てを行うことになりますので、より廃除事由の立証が困難になると思われます。

第1章　相続人・法定相続分　　17

　したがって、遺言によって相続人の廃除をしたい場合には、まず遺言書でその旨明記し（例えば単に「相続させない」など、遺言書に明確に「廃除」の文言が表示されていない場合であっても、遺言書作成の経過などから見て客観的に廃除の意思が認められれば、廃除の請求は可能とするのが判例・通説ではありますが、曖昧な表現がなされている場合には遺言執行者に相続人廃除の意思表示と理解してもらえず、廃除請求をしてもらえない可能性もあります。なお、遺言書の文言が廃除と解釈できるか否かという論点については【9】も参照してください。）、その上で、廃除したい推定相続人につき、具体的にどのような廃除事由が存在するかを明確にし、これを根拠付ける資料を添えて、遺言執行者にしっかり託しておく必要があります。

　ちなみに、廃除に関する事件は、家事審判法では乙類審判事件とされ、条文上は調停も可能な事件となっていました。しかし、家事事件手続法では、家事審判法の甲類審判事件に相当する別表第1に掲げる事項についての審判事件に変更されています。これは、廃除が相続権の剥奪という重大な効果をもたらすものであり、廃除事由も限定されていることから、これを当事者の自由な処分に委ねるのは妥当ではなく、あくまでも裁判所がその要件を判断すべきであるとして、調停をすることができない事項、すなわち別表第1に掲げる事項と位置付けられるに至ったためといわれています。

（塩田　慶）

【8】 相続人廃除について調停申立てはできるのか？

　私の長男が多額の借金を抱え、何度も何度も金銭請求をしてくるので、流石に堪忍袋の緒が切れて、破産申立てをするよう指示したが、それでも破産申立てをせず、私に弁済資金の捻出を要求し、私が断固として拒否したところ、遂に私に暴力を振るった。
　そこで、推定相続人廃除の法的手続をしたいものの、何とか反省してもらいたいし、話合いで解決したいので、そのような場合には、家庭裁判所に調停申立てをすればよいのか。

POINT	・家事審判法では、推定相続人廃除は、乙類事項として調停申立てをすることも認められていた ・家事事件手続法においては、推定相続人廃除は、別表第1事件として位置付けられたため、調停申立てはできず、審判申立てしか認められなくなった

誤認例	家事事件手続法では、推定相続人廃除については、調停又は審判の申立てができることになっているので、調停申立てをすればよい。

本当は	家事事件手続法では、推定相続人廃除については、別表第1事件として分類されており、これは審判事件であって、なおかつ、調停事件の対象とならない事件類型であるから、調停申立てはできず、審判申立てをする以外にない。

第1章　相続人・法定相続分　　19

解　説

　家事審判法当時には、推定相続人廃除は、家事審判法9条1項乙類に規定された乙類事項とされ、調停申立てもできるとされていましたが、相続人資格の剥奪という重大な効果を生ずるので、このような重大な事項を当事者間の自由処分に委ねるのは如何なものかとの反省に基づき、家事事件手続法においては、家事審判法における乙類事項と対応する別表第2事件とせず、あえて、甲類事項に対応する別表第1事件として位置付けたという経緯があります。

　この点、金子修編『一問一答　家事事件手続法』202頁（商事法務、2012）及び金子修編『逐条解説　家事事件手続法』599頁（商事法務、2013）にも、上記の趣旨が記載されています。

（藤井　伸介）

【9】 「一切相続させない」という遺言文言の落とし穴

被相続人Aが作成した自筆証書遺言について、遺言執行者に選任されたが、当該遺言には、「二男には一切相続させない。」との記載がある。こうした遺言はどのように処理すればよいか。

POINT	・遺言の解釈に当たり、遺言執行者は遺言者の真意を探求する必要がある ・遺言執行者に無用の時間・労力をかけさせないためにも、遺言の作成に当たっては、意味内容が一義的に明確となる文言を使用すべき

誤認例	「二男には一切相続させない。」との記載は、二男の相続分を0とする相続分の指定と解釈して処理すればよい。

本当は	「二男には一切相続させない。」との記載は、二男を廃除する趣旨とも解釈し得るため、遺言執行者は、可能な範囲で遺言者がかかる記載を行うに至った背景事情等を調査し、遺言者の真意を探求した上で、それに沿った処理を行う必要がある。

第1章 相続人・法定相続分 21

解　説

1　遺言執行者がなすべきこと

　「二男には一切相続させない。」と記載しているからには、生前、被相続人と二男との間に何らかの確執があったことは容易に想像できるところであり、その内容・程度如何によっては、被相続人の真意が、二男の相続分を0とするということにとどまらず、二男の廃除まで求めているということも考えられます。そのため、遺言執行者としては、可能な範囲で遺言者がかかる記載を行うに至った背景事情等を調査し、遺言者の真意を探求する必要があり、その結果、遺言執行者において、被相続人の真意が二男の廃除にあると判断した場合は、家庭裁判所に対して廃除の請求まで行う必要があります。

2　遺言作成に際して留意すべき事項

　このように、「二男には一切相続させない。」との記載では遺言執行者に無用の時間・労力をかけさせることにもなり得るため、特定の相続人に相続させたくないとの遺言の作成を依頼された場合には、廃除まで求める趣旨かも確認し、求めない趣旨なら「二男の相続分は0とする。」と、求める趣旨なら「二男を廃除する。」と明確に記載しておくべきです。

　相続分を0とする相続分の指定であれば遺留分の請求は認められるのに対し、廃除であれば遺留分の請求も認められなくなるため、特定の相続人に相続させたくないとの遺言の作成を依頼された場合に、廃除まで求める趣旨かも確認しておくことは、弁護過誤との誹りを避ける点からも必要です。

3 遺言による廃除の場合

遺言による廃除の場合、廃除請求の時点では、事情を最もよく知る被相続人が死亡していることもあり、廃除原因たる事実とこれを基礎付ける証拠も準備しておかないと、遺言執行者において廃除の審判を勝ち取ることは困難であることが通常であるため、遺言作成時には、かかる準備も併せて行っておく必要があります。

（新井　教正）

【10】 遺言書の検認申立てをしない相続人は相続欠格となるのか？

　相続人Aは、遺言書を保管しているにもかかわらず、その内容を明らかにせず、検認申立てもしない。このような行為は遺言書の隠匿に等しいと思うので、相続欠格事由に該当すると見て、Aを除外して遺産分割協議を行っても差し支えないか。

| POINT | ・遺言書の検認申立てをしないだけで相続欠格となるか
・公正証書遺言の場合にも遺言書の隠匿による相続欠格はあり得るか |

| 誤認例 | 遺言書の検認申立てをしないことは遺言書の隠匿に等しく、民法891条5号の相続欠格事由に該当する。したがって、Aは、法律上、当然に相続権を失うことになるほか、受遺者にもなれず（民965）、Aを除外して遺産分割協議を行って差し支えない。 |

| 本当は | 遺言書を破棄、隠匿した相続人であっても、その行為が相続に関して不当な利益を目的とするものでなかったときは、民法891条5号の相続欠格者に当たらないとするのが最高裁の立場であり、単に検認申立てをしないというだけでは、当然には相続欠格事由に該当しない。 |

24　　　　第1章　相続人・法定相続分

解　説

1　遺言書の破棄、隠匿と相続欠格

　遺言書が存在しているにもかかわらず、これを破棄又は隠匿すれば、民法891条5号に該当し、相続欠格として、法律上、当然に相続権を失うことになるほか、受遺者にもなれないものとされています（民965）。

2　最高裁判所の解釈

　しかしながら、最高裁平成9年1月28日判決（判時1594・53）は、遺言書を破棄又は隠匿した場合において、「相続人の右行為が相続に関して不当な利益を目的とするものでなかったときは、右相続人は、民法891条5号所定の相続欠格者には当たらないものと解するのが相当である」としています。これは、同条5号の趣旨を、遺言に関し著しく不当な干渉をした相続人に対して相続人となる資格を失わせるという民事上の制裁を科そうとするところにあると捉え、遺言書の破棄又は隠匿行為が相続に関して不当な利益を目的とするものでなかったときは、これを遺言に関する著しく不当な干渉ということはできず、このような行為をした者に相続人となる資格を失わせるという厳しい制裁を科すことは、同条5号の趣旨に沿わないとする見地からといわれています。

3　不当な利益目的の有無の判断

　したがって、本事例において、もともと遺言書の内容が相続人Aに有利なものである場合には、通常、Aに不当な利益目的を認めることはできず、Aは相続欠格に該当しないものといえます。しかしながら、隠匿した者に有利な内容の遺言書であっても、遺留分減殺請求を受けることをおそれ、遺産の全部を一人で承継することを画策し、相続開始後2年余りにわたって他の共同相続人に遺言書の存在を秘匿してい

第1章　相続人・法定相続分　　25

たケースで、相続欠格に該当すると判断された裁判例もありますので注意が必要です（東京高判昭45・3・17判時593・43）。結局、当該隠匿行為が、相続欠格に該当するものか否かの判断は、民法891条5号の立法趣旨に照らして個別的に検討していく必要があります。

4　公正証書遺言の場合

　なお、公正証書遺言を破棄又は隠匿した場合はどうでしょうか。この点、大阪高裁昭和61年1月14日判決（判時1218・81）は、公正証書遺言を秘匿した被控訴人につき、公正証書遺言の「原本は公証人役場に保管され、遺言書作成に当たって証人として立ち会いその存在を知っている○○弁護士が遺言執行者として指定されているのであるから、被控訴人において本件遺言書の存在を他の相続人に公表しないことをもって遺言書の発見を妨げるような状態においたとはいい難く」、また、当該事案では、被控訴人は遺言書の内容を、遺産分割協議を成立させることにより実現しようとするものにほかならず、被控訴人が「本件遺言書の存在を他の相続人に公表しなかったことにつき、相続法上有利となり又は不利になることを妨げる意思に出たものとも認め難い」として、相続欠格事由としての遺言書の隠匿には当たらないとしています。さらに、同判決は、被控訴人が本件遺言書によらず遺産分割協議の方法をとろうとしたのは遺留分減殺請求権の行使を封じ込めるためであるから遺言書の隠匿に当たるとの控訴人の主張に対し、「協議分割によるときは被控訴人が単独で相続するとの協議が成立しない限り遺留分以上にそれぞれの法定相続分を主張されるおそれがあるのであるから、協議分割の方法をとることにより相続法上有利となり又は不利になることを妨げる意思に出たものといえないことは明らかである」としています。

　さらに、東京高裁平成3年12月24日判決（金判963・8）も、公正証書遺

言を秘匿した被控訴人について、「その原本は公証人役場に保管され
ており、かつ、被控訴人以外の控訴人に身近な者の中にも、本件遺言
書の存在及びその内容を知っている者が複数いたのであるから、被控
訴人が控訴人に積極的に告知しない限り、本件遺言書の存在及び内容
が明らかにならないような状況にはなかったこと及び被控訴人自身、
相続人の一人である○○には、本件遺言書を示して、その存在及びそ
の内容を知らせたことを考慮すると、被控訴人が、本件遺言書が存在
することを相続人の一人である控訴人に告げなかったことなどの右認
定の経緯から民法891条5号所定の遺言書の隠匿に該当する事実があっ
たものと認めることは困難である」としています。

　公正証書遺言については、その原本が公証人役場に保管されている
ことや、平成元年以降に作成されたものであれば、日本公証人連合会
において、全国的に、公正証書遺言を作成した公証人役場名、公証人
名、遺言者名、作成年月日等を調べることができ、そもそも隠匿はあ
り得ないのではないかとの疑問も生じますが、上記のような高等裁判
所の判決からすれば、公正証書遺言であっても当然に隠匿の対象から
外れるわけではなく、その内容が隠匿した者に有利な内容であったか
否かや、他の相続人がその存在や内容を知っていたり、遺言執行者を
通じて知り得る状況にあったか否かなどの事情を考慮して、隠匿に該
当するか否かを判断しているものといえます。

（塩田　慶）

第1章 相続人・法定相続分   27

【11】 遺言書破棄で相続欠格を主張する場合、相続欠格となる相続人のみを被告とすればよいか？

　被相続人Aには、亡先妻の子B、後妻C、CとAとの間の子D及びEがおり、Aの死後、DからBに、Aの遺言書があり遺言書検認申立てをする旨の連絡があったが、後日、そのDからBに「遺言書がなくなった。Cが破棄したと認めている。」との通知があった。Bは誰に対してどのような訴訟をすればよいか。

POINT	・相続権不存在確認の訴えの提起の当事者適格

誤認例	Bは、Cのみを被告として、「原告と被告との間で、被告が被相続人Aの相続財産につき相続権を有しないことを確認する。」との相続権不存在確認の訴えを提起する。

本当は	Bは、C、D、Eを共同被告として、「原告と被告らとの間で、被告Cが被相続人Aの相続財産につき相続権を有しないことを確認する。」との相続権不存在確認の訴えを提起する。

解　説

　相続欠格を理由とする相続権不存在確認あるいは相続人たる地位の不存在確認請求訴訟は、共同相続人全員の間で合一確定の必要のある

「固有必要的共同訴訟」であるとするのが最高裁平成16年7月6日判決（判タ1172・143）です。

　一般的には、相続欠格事由に該当すると主張されている者を被告とし、その他の共同相続人が共同原告となって、相続権不存在確認請求の訴えを提起することが多いと思われますが、原告であれ被告であれ、ともかく共同相続人全員が当事者になっていれば足ります。

　しかし、本事例の場合、先妻の子Bと後妻C及びその子らD、Eとの関係では、Cが遺言書を隠匿あるいは破棄したとしても、D、EがBの訴え提起に協力する可能性は極めて低いので、Bとしては、勢い、Cのみを被告として訴えを提起すべきものと考えがちですが、相続権不存在確認訴訟は固有必要的共同訴訟ですから、他の共同相続人D、Eも被告に加える必要があります。

（藤井　伸介）

第 2 章

相続放棄・限定承認

30

第2章 相続放棄・限定承認

【12】 賃借物件を引き払うと相続放棄できなくなるのか？

　先日、賃貸マンションで一人暮らしをしていた被相続人が死亡した。まだ半月しか経っておらず、遺産の内容を正確に把握できていないが、債務の方が多い可能性もあり、その場合には相続放棄する予定である。ただ、使用する予定のないマンションの賃料が発生し続けるというのはもったいないため、こちらから速やかにマンションの賃貸借契約を解約し、マンションの明渡しを行いたいと考えているが、相続放棄との関係で問題はないか。

POINT
- 相続人から被相続人の賃貸借契約を解約しても相続放棄できるか
- 大家からの賃貸借契約解約に基づく明渡請求に応じても相続放棄できるか
- 家財を処分しても相続放棄できるか

誤認例　マンションの賃貸借契約の解約は保存行為であるため、相続放棄との関係でも問題はない。

本当は　マンションの賃貸借契約の解約は処分行為とされる可能性があり、有効な相続放棄ができなくなる可能性がある。

解　説

1　単純承認、限定承認、相続放棄の選択権

　民法上、相続人には、相続をするか否かについて、単純承認、限定承認、相続放棄の選択権が認められています。

　熟慮期間内であれば、相続人は、家庭裁判所に対して相続放棄の申述を行うことで相続放棄をすることが可能ですが、「相続人が相続財産の全部又は一部を処分」（民921一）した場合は単純承認したものとみなされ、以後、有効な相続放棄はなし得なくなります。

　マンションの賃貸借契約の解約は、債務の増加を防止するという点に着目すれば、保存行為と評価される可能性もあると思われますが、他方で、賃借権を消滅させるという効果に着目すれば、処分行為と評価される可能性も十分にあると思われます。

　よって、結果的に相続放棄をしなかった場合、無駄な債務を負担する結果となりますが、上記のリスクからすれば、相続放棄をするか否かについて確定するまでは、相続人から賃貸借契約の解約を行うべきではなく、相続放棄後に、事務管理として賃貸借契約の解約を行うべきでしょう。ただし、相続放棄後であっても、解約に伴う明渡しに際してマンション内の家財等を着服すれば、単純承認したものとみなされる（民921三）可能性があるため、注意が必要です。

2　大家から賃貸借契約の解約後、明渡しの請求に応じた場合

　本事例とは異なり、大家から賃貸借契約の解約がなされ、その後、明渡しの請求に応じることは、弁済期の到来した債務の履行として保存行為に当たるため、特に問題はありません。ただし、この場合でも、家財を処分すると処分行為があったとされる可能性があるため、相続放棄をするか否かについて確定するまでは処分すべきではないでしょう。

（新井　教正）

【13】 債務超過ではあるが自宅や事業用資産を取得できるのか？

債務超過ではあるが、居住不動産や事業用資産といった特定の遺産を確保するにはどうすればよいか。

| POINT | ・限定承認後の先買権行使により特定の遺産を確実に取得することができる |

| 誤認例 | 相続人資格者全員に相続放棄を行わせた上で、相続財産管理人（民952）選任の申立てを行い、選任後の相続財産管理人から買い取るしかない。 |

| 本当は | 確実に取得したいのであれば、限定承認を行った上で、いわゆる先買権（民932ただし書）を行使する。 |

解　説

　誤認例に記載された方法も選択肢の一つではありますが、かかる方法では、選任後の相続財産管理人による任意売却手続の過程においてより高値での取得を希望する第三者が現れ、取得できないリスクがあります。
　これに対し、いわゆる先買権（民932ただし書）は、家庭裁判所が選任した鑑定人の評価した価額を支払うことで当該財産を取得することができる権利であり、限定承認者のみ行使できるため、こちらの方法に

よれば確実に取得することができます。

　限定承認の場合、譲渡所得税の課税が問題となり得ます。しかしながら、譲渡所得税が課税されるとしても被相続人に対してであり、相続債務が増加する結果となりますが、元々債務超過であるため、相続人が不利益を被ることにはなりません。したがって、債務超過の状況下において、居住不動産や事業用資産といった特定の遺産を確実に取得する方法として限定承認を選択するに当たっては、譲渡所得税課税の問題をデメリットとして考慮する必要はありません。

　ただし、限定承認を行った場合、その後の手続が煩雑ですので、この点には留意が必要でしょう。

（新井　教正）

【14】 相続人が相続放棄をしつつ遺贈により遺産を取得できるのか？

　被相続人は、多額の負債を抱えたまま亡くなったが、その所有する無担保の不動産や高価な動産類については、相続人らに遺贈する旨の遺言書を作成していた。受遺者である相続人らは、相続放棄をして相続債務の負担は免れつつ、遺贈を受けた遺産についてはこれを取得しようと考えているが、そのようなことは可能なのか。

POINT	・相続放棄をしつつ遺贈は受けるということは可能なのか ・包括遺贈の場合と特定遺贈の場合で違いはあるのか

誤認例	相続人であっても遺贈を受けることは可能であり、その場合でも、法律上、相続放棄を制限する規定がない以上、相続放棄をして相続債務の支払義務を免れることは当然に可能である。

本当は	相続人が相続放棄をしつつ特定遺贈により遺産を取得することによって、相続債権者が害される場合には、詐害行為取消権の対象とされたり、権利の濫用と判断されるリスクがあることに注意が必要である。

第2章 相続放棄・限定承認

解　説

1　前　提

　まず、本事例のような相続人の行為が問題となるのは、相続人に対して特定遺贈や死因贈与が行われた場合が前提となります。相続人に対して積極財産たる遺産を取得させる方法としては、他に遺産分割方法の指定や包括遺贈が考えられますが（なお、具体的にどのような遺言が包括遺贈と解されるのかについては【38】参照）、これらの場合には、相続債務も承継することになり、その負担を免れるために相続放棄や包括遺贈の放棄を行うと、積極財産たる遺産についても取得できなくなります。したがって、本事例の場合も、相続人に対して遺産分割方法の指定や包括遺贈が行われた場合であれば、相続債務の負担を免れつつ積極財産たる遺産のみを取得することはできないことになります。

2　特定遺贈の場合の問題点

　それでは、相続人に対して特定遺贈が行われた場合には、相続放棄をして相続債務の負担を免れつつ、積極財産たる遺産を取得することは可能なのでしょうか。相続人に対しても遺贈することはもちろん可能であり、このような行為によっても相続債権者が害されることがない場合、例えば、全ての相続人が相続放棄することなく、相続放棄をしていない相続人からの支払により、相続債権者がその回収を図ることができる場合や、全ての相続人が相続放棄をしても、全ての遺産が遺贈の対象となっておらず、相続財産管理人を通じて相続債務を完済することが可能な場合には特に問題は生じないものと思われます。しかしながら、特定遺贈と相続放棄が行われることにより、相続債権者が害されるような場合であれば、やはり問題があるといえます。この

点、あまり議論はされていないようですが、債務の返済が困難な資産状態の中で特定遺贈が行われ、責任財産の減少が来されるような場合には、当該特定遺贈が詐害行為取消権（民424）の対象となるのではないかという点が問題になり得ます。遺贈も法律行為である以上、その適用可能性を否定することはできませんし、例えば、遺産分割協議について、亡夫の遺産を相続人たる妻（債務者）が取得せず、他の相続人である子らに取得させる内容の遺産分割協議を行ったことが詐害行為に該当するとして、妻の債権者による詐害行為取消権の行使を認めた最高裁判決もあります（最判平11・6・11判タ1008・117）。ちなみに、限定承認をした相続人が死因贈与による不動産の取得を相続債権者に対抗することは信義則違反とする最高裁判決もあり（最判平10・2・13判タ970・114）、債務の負担を免れつつ積極財産たる遺産のみ取得しようとする行為に対する裁判所の厳しい態度がみてとれます。このような傾向からすると、相続人が、相続債権者を害することを知りながら、相続放棄をしつつ遺贈により遺産を取得しようとしても、詐害行為取消権の対象とされたり、権利の濫用と判断されるリスクもあるものと思われます。

（塩田　慶）

【15】 包括遺贈の放棄の落とし穴

　被相続人Aには相続人B、C、Dがいる。ところが、Aは生前、「私の全財産を生前お世話になったEに遺贈する。」という遺言を作成していた。相続人でないEは、自分が相続人を差し置いてAの全財産をもらうと、B、C、Dとの円満な関係が崩れてしまうおそれがあるので、遺贈を放棄したいと考えている。EがAによる遺贈を放棄するためには、どのような方法を採ればよいか。

POINT	・包括遺贈の放棄は、家庭裁判所に対する包括遺贈放棄の申述が必要
	・熟慮期間経過後は包括遺贈の放棄は認められないのか

誤認例	Eが包括遺贈を放棄するためには、いつでも放棄の意思を相続人B、C、Dのうちの誰かに口頭又は書面で伝えれば足りる。

本当は	相続人でないEであっても、包括遺贈を放棄するためには、包括遺贈があることを知った時から3か月以内に、家庭裁判所に対し包括遺贈放棄の申述をする必要がある。ただし、EがAの債務を承継してもよいと考えている場合や債務を承継するおそれがない場合には、特定遺贈の場合と同様の方法での放棄を認める余地もあるのではないか。

第2章　相続放棄・限定承認　　39

解　説

　特定受遺者が遺贈を放棄する場合には、特別な手続によることなく、いつでも放棄をすることができ、その放棄の効力は遺言者の死亡時に遡って生じます（民986）。

　しかし、包括遺贈の場合、包括受遺者は、相続人と同一の権利義務を有するとされていることから（民990）、裁判実務上は、包括遺贈を放棄するためには、包括遺贈があることを知った時から3か月以内に、家庭裁判所に対し包括遺贈放棄の申述をする必要がある（民915・938）とされています（熊本地八代支判昭34・12・8家月13・2・174、東京地判昭55・12・23判時1000・106等）。どのような遺言が包括遺贈と判断されるのかという問題については【38】も参照してください。

　本事例でも、EはAの相続人ではありませんが、「全財産を遺贈する」という包括遺贈を受けていることから、相続人と同一の権利義務を有するものと扱われ、当該遺贈を放棄するためには、家庭裁判所に対し包括遺贈放棄の申述をする必要があります。

　もっとも、熟慮期間の3か月間が経過したからといって、受遺者がいらないと言っている財産まで押し付けるのはいかがなものかと思われます。包括受遺者は相続人と同様に権利のみならず義務も承継すべきという民法990条の立法趣旨からすると、包括受遺者も相続放棄と同様の手続を執らない限り債務を承継するということはやむを得ないとしても、受遺者が取得したくないといっている財産まで押し付けることにどれだけの合理性があるのか疑問です。この場合には、包括遺贈に含まれる個々の財産についての特定遺贈があったものと同視して、その遺贈の放棄を認めて、当該財産を相続人に帰属させることを認めるということも一考の余地があるように思われます。

《参考となる判例》

○包括受遺者は相続人と同一の権利義務をもつ（民法990条）ことからその放棄には相続人の放棄に関する規定が適用され、民法986条の規定は包括遺贈については適用はないものと解されるから、自己のために包括遺贈があったことを知った時から3か月以内に家庭裁判所に放棄の申述をしなければ単純承認したものとみなされることになる。（東京地判昭55・12・23判時1000・106）

（田村　義史）

【16】 限定承認の落とし穴

熟慮期間の終期が迫っているが、遺産の調査は十分に行えていない。資産超過の可能性の方が高いものの、債務超過の可能性もあるため、単純承認か限定承認かで悩んでいるが、どちらがよいか。

| POINT | ・限定承認するとみなし譲渡所得課税が発生する
・限定承認に伴う譲渡所得税の申告は準確定申告で4か月以内に行う必要がある |

| 誤認例 | とりあえず限定承認しておけばよい。 |

| 本当は | 安易に限定承認するべきではなく、熟慮期間の伸長も含め、可及的に遺産の調査を行った上で、単純承認か限定承認かを判断するべきである。 |

解 説

　限定承認をした場合、被相続人から相続人に対して、相続開始時に、相続開始時の時価で、遺産の譲渡があったものとみなされ、被相続人に譲渡所得税が課税される（所税59①一）ことになります。

　そのため、実際には資産超過であったにもかかわらず、限定承認に伴い譲渡所得税が課税されてしまったがゆえに、債務超過になる、あ

るいは、弁済すべき債務が増える結果となる可能性があります。

　したがって、本事例のような状況においては、安易に限定承認するべきではなく、熟慮期間の伸長も含め、可及的に遺産の調査を行った上で、単純承認か限定承認かを判断するべきです。

　なお、限定承認に伴う譲渡所得税の申告は準確定申告であり、相続人が相続の開始があったことを知った日から4か月以内に行う必要があるため（所税125①）、熟慮期間の伸長に当たっては、この点も考慮する必要があります。

（新井　教正）

第2章　相続放棄・限定承認　　　43

【17】 相続放棄すると相続税の基礎控除で不利となるのか？

　父は、生前に、事業承継者である長男と二男には、それなりの生前贈与をしていたので、長男と二男は父の遺産分割では何も取得せず、父と同居していた未婚の長女に全ての遺産を取得させるつもりだが、長女が遠慮しているのか、同意しない。

　そこで、長男と二男としては、相続放棄申述申立てをしようと相談しているが、相続放棄申述申立てをすると、相続人の数が減るため基礎控除が受けられず、相続税が高くなり、長女に迷惑を掛けるのではないかと心配している。

　このような場合には、相続放棄申述申立てをしない方がよいのか。

| POINT | ・相続税の基礎控除は、相続人1人当たり600万円だが、相続人の数が減ると控除額も減るか |

| 誤認例 | 相続税法では、課税最低限5,000万円を3,000万円に引き下げ、他の全員が相続放棄の申述をすれば、3,000万円＋600万円しか控除を受けられないが、このように税法上の節税策としては、放棄をしないで事実上相続をしないという選択をした方が有利だというところがある。 |

| 本当は | 相続放棄申述申立てを受理されても、相続税の基礎控除の計算には何ら影響を及ぼさないので、さっさと相続放 |

棄申述申立てをして、受理されれば、その受理証明書を
長女に交付すればよい。

解　説

　相続税法上の基礎控除と法定相続人1人当たりの控除額を計算する
際には、「法定相続人の数は、相続の放棄をした人がいても、その放棄
がなかったものとした場合の相続人の数をいいます。」（国税庁タックス
アンサーNo.4152）とされています。

（藤井　伸介）

第 3 章

遺言書

46

【18】 一生身の回りの世話をして生活費をくれるなら、自宅土地建物をやるという死因贈与契約の落とし穴

　私は長男であり、母親から「私と同居して身の回りの世話をして、また生活費として終身毎月10万円くれるのであれば、自宅土地建物をあなたに贈与する」と言われ、長年母親と同居して身の回りの世話をして生活費も渡していた。ただ、最近私と母親の人間関係が悪化し、母親が「自宅の土地建物はやはり妹と弟にやる。おまえにはやらない」と言い出している。このようなことが認められるのか。

| POINT | ・死因贈与契約を取り消すことはできるのか？
・どのような事例であれば取り消すことができるのか？ |

| 誤認例 | 生活費を渡すという負担の履行をしているので、もはや死因贈与契約を取り消すことはできない。 |

| 本当は | 負担の履行がなされた場合には、原則として取消しできないが、特段の事情があれば取消しできる（最判昭57・4・30判タ470・116）。
長男の扶養・介護に著しい問題があった（虐待等）、あるいは支払っていた毎月の生活費の総合計と受贈予定の不動産価値に著しい不均衡があれば、死因贈与契約の取消しが認められる場合もある。 |

解　説

　本事例は、法律的にいえば、負担付死因贈与については、そもそも取消しが認められるのかという問題です（負担付死因贈与につき、民法554条による民法1022条の準用があるかという論点です。）。この点は負担の履行がなされれば、もはや取消しできないという立場や、負担の履行の有無を問わず取消しできるという争いがありましたが、最高裁は負担の履行がなされた場合には、原則として取消しできないが、特段の事情があれば取消しできるという立場を採っています（最判昭57・4・30判タ470・116）。

　最高裁は「負担の履行期が贈与者の生前と定められた負担付死因贈与契約に基づいて受贈者が約旨に従い負担の全部又はそれに類する程度の履行をした場合においては、贈与者の最終意思を尊重する余り受贈者の利益を犠牲にすることは相当でないから、右贈与契約締結の動機、負担の価値と贈与財産の価値との相関関係、右契約上の利害関係者間の身分関係その他の生活関係等に照らし右負担の履行状況にもかかわらず負担付死因贈与契約の全部又は一部の取消をすることがやむをえないと認められる特段の事情がない限り、遺言の取消に関する民法1022条、1023条の各規定を準用するのは相当でないと解すべきである」と述べています。

　結局は「やむを得ないと認められる特段の事情」の有無によって結論が決まるわけですが、その規範の具体的当てはめについては、東京地裁平成5年5月7日判決（判タ859・233）などが参考となります。

　本事例についても、負担の内容が母親にとっても利益があると考えられます。また最近になるまで母親は長男を信頼して長男もまじめに扶養・介護していた実績がありますので、よほどの事情がない限り死因贈与契約の取消しはできないと考えます。

（野口　大）

第3章 遺言書

【19】 無効な遺言は相続において何の意味も持たないのか？

父が死亡し、遺言が見つかった。ただ、押印がなされていないため、遺言は無効だが、無効な遺言には何らの効力も生じないのか。

POINT
・無効な遺言でも死因贈与契約として効力が認められる場合がある
・無効な遺言でも持戻し免除の意思表示を認定する根拠となる場合がある

| 誤認例 | 方式違背により無効な遺言は何らの効力も生じない。 |

| 本当は | 方式違背により遺言としては無効であったとしても、死因贈与契約として効力が認められる場合や、特別受益の持戻し免除の意思表示を認定するための根拠となる場合もある。 |

解　説

1　遺言としての効力

遺言は要式行為であるため、方式違背がある場合、当該遺言は無効となります（民960・968①）。

2 死因贈与契約としての効力

　他方で、死因贈与は、贈与者（被相続人）の死亡を停止条件とする贈与契約であり、要式行為ではないため、贈与者（被相続人）と受贈者との間で贈与の合意さえあれば有効に成立します（民549、改正民（債権）549）。

　そのため、遺言が方式違背により無効な場合でも、死因贈与の意思表示を含むと認められ、受贈者のこれに対する明示又は黙示の承諾も認められる場合には、死因贈与契約の成立が認められる可能性もあります。

　明示・黙示は問いませんが、受贈者の承諾があったと認められる必要があるため、少なくとも被相続人の死亡前に受贈者が当該遺言の内容を認識している必要があり、死亡後に初めて当該遺言の内容を認識したという場合には、死因贈与契約の成立は認められないでしょう。

　この点に関する下級審判例は分かれていますが、参考までに、肯定した判例と否定した判例を挙げておきます。

＜肯定した判例＞

① 　水戸家裁昭和53年12月22日審判（家月31・9・50）

② 　東京地裁昭和56年8月3日判決（判時1041・84）

③ 　東京高裁昭和60年6月26日判決（判時1162・64）

④ 　広島家裁昭和62年3月28日審判（家月39・7・60）

⑤ 　広島高裁平成15年7月9日判決（平13（ネ）482）

＜否定した判例＞

① 　大阪高裁昭和43年12月11日判決（判時560・52）

② 　仙台地裁平成4年3月26日判決（判時1445・165）

3 特別受益の持戻し免除の意思表示を認定するための根拠とされた事例

　福岡高裁昭和45年7月31日決定（判タ260・339）は、三男に対して複数

回に渡って法定相続分をはるかに超える不動産の生前贈与がなされるとともに、全財産を三男へ譲渡する旨が記載された自筆証書遺言が存在する事案において、自筆証書遺言は日の記載を欠くため有効な遺言とみることはできないとする一方で、同遺言書の記載内容を根拠事由の一つとして、三男に対する不動産の生前贈与について持戻し免除の意思表示があったと認定しています。

（新井　教正）

【20】 改訂　長谷川式簡易知能評価スケール（HDS－R）の落とし穴

　父が莫大な遺産を残して亡くなった。相続人は子である私と兄弟のみである。

　その後、父が作成した自筆証書遺言が存在することが発覚した。父は生前、子を大変可愛がっていたにもかかわらず、遺言書の内容は、私たちが知らない第三者に遺産のほとんどを遺贈する内容であった。遺言書は第三者が遺言能力のなかった父に無理やり作成させたに違いない。以下の場合に父の遺言能力が認められるか。

① 遺言書を作成した時点で、父の改訂　長谷川式簡易知能評価スケール（HDS－R）の点数は25点であった。

② 遺言書を作成した時点で、父の改訂　長谷川式簡易知能評価スケール（HDS－R）の点数は13点であった。

③ 遺言書を作成した時点で、父の改訂　長谷川式簡易知能評価スケール（HDS－R）の点数は5点であった。

POINT	・改訂　長谷川式簡易知能評価スケール（HDS－R）が30点満点中13点の場合、遺言能力が認められるのか
	・改訂　長谷川式簡易知能評価スケール（HDS－R）が30点満点中5点の場合、遺言能力が認められないのか
	・改訂　長谷川式簡易知能評価スケール（HDS－R）の点数だけで遺言能力が判断できるのか

誤認例	改訂　長谷川式簡易知能評価スケール（HDS－R）が、30点満点中21点以上であれば、認知症の可能性は低いが、20点以下で認知症の可能性が高まるとされている。

第3章　遺言書

> そこで、①では、遺言能力が認められるが、②及び③では遺言能力が認められないと認定される。

本当は
> 改訂　長谷川式簡易知能評価スケール（HDS－R）の結果が21点以上であれば、遺言能力が存在しないとの主張が認められる可能性は極めて低く、遺言能力が認められる可能性が極めて高い。
> しかしながら、結果が13、14点であっても遺言能力が認められている事案が多数存在する。
> さらには結果が一桁の点数であっても、諸般の事情から遺言能力を認めた事例があるので（京都地判平13・10・10（平12（ワ）2475）裁判所ウェブサイト）、改訂　長谷川式簡易知能評価スケール（HDS－R）の結果だけで遺言能力は判断できない。

解　説

　遺言書を作成するための能力、遺言能力について、民法は、「15歳に達した者は、遺言をすることができる」と定めています（民961）。

　とはいえ、遺言能力は遺言書作成時点において必要であり、これまで遺言能力の存否について様々な形で争われています。

　そして、裁判所が遺言能力の存否を判断するに当たっては、改訂長谷川式簡易知能評価スケール（HDS－R）の結果のみならず、主治医が作成したカルテの内容、介護記録の内容、遺言者の生活状況、遺言書の内容等様々な事情を勘案します。

改訂　長谷川式簡易知能評価スケール（HDS－R）の結果については、形式的に点数を遺言能力の存否の判断の参考にするのではなく、改訂　長谷川式簡易知能評価スケール（HDS－R）のいかなる分野（短期記憶の分野であったり、日常生活の事理弁識能力の分野など）で点数を獲得しているか、その獲得状況まで斟酌します。

　改訂　長谷川式簡易知能評価スケール（HDS－R）の解説書としては、西山詮『民事精神鑑定の本質』（新興医学出版社、2015）が参考となります。

（髭野　淳平）

【21】 未分割の不動産の持分を遺贈する場合の落とし穴

亡父親名義の不動産があって遺産分割未了の場合、母親が当該不動産の法定相続分に基づく共有持分を遺贈するときの留意点

POINT
・そもそも未分割の不動産の持分を遺贈できるのか
・「相続させる」遺言で相続人が取得した場合と、「遺贈」で第三者が取得する場合で、取扱いに差異はあるのか

誤認例
「不動産についての2分の1の持分を○○に相続させる」という遺言で取得した相続人は、確定的な持分（遺産分割を経る必要のない持分）を取得する。

本当は
相続させる遺言で共有持分権を取得した共同相続人は、父親の遺産分割協議の申入れがあれば、当該共有持分権も遺産に含めて協議に応じざるを得ない。

解　説

1　相続させる遺言の場合

　母親の法定相続分が2分の1の場合、「不動産についての2分の1の持分を○○に相続させる」という遺言が作成される場合があります。遺産分割未了ですから、当該不動産について母親が2分の1の持分を確定的に有しているわけではありません。しかし、最高裁平成17年10月11

日決定（判時1914・80）は、「共同相続人が取得する遺産の共有持分権は、実体上の権利であって遺産分割の対象となる」と判示しており、実体上の権利である以上それを遺言の対象とすることもできると考えられます。登記についても、当該不動産について法定相続登記をすれば、登記することも可能です。

ただし、相続させる遺言で共有持分権を取得した共同相続人は、父親の遺産分割協議の申入れがあれば、当該共有持分権も遺産に含めて協議に応じざるを得ません。

2　第三者への遺贈の場合

第三者への遺贈の場合であっても上記同様であり、「不動産についての2分の1の持分を○○に遺贈する」という遺言は法的に有効です。

ただし、遺贈で共有持分権を取得した第三者は登記を経れば確定的な持分を取得したこととなり、父親の遺産分割協議の申入れがあっても遺産分割協議の当事者となることはありません。

3　相続分全体を対象として遺言を作成する方法

なお、不動産に限定せず、「夫の遺産に対する相続分」というものを遺産として遺言を作成するという方法もあります。

（野口　大）

【22】 母親の面倒を見ることを条件とする遺贈の落とし穴

　父親が死亡し、自宅不動産については残された母親と同居している長男に相続させるという遺言があった。遺言には、「長男は母親と同居して母親を扶養し、母親にふさわしい老後を送ることができるよう最善の努力をするものとし、長男の妻と共に母親の日々の食事はもとよりその他身の回りの世話をその満足を得るような方法で行いなさい」と書いてあった。
　長男は当該遺言に基づいて自宅不動産を相続したが、後年失業して人が変わってしまい、母親の面倒をきちんと見ていない。そこで、母親は我々二男と三男で面倒を見ることとして、自宅不動産も返してほしい（遺言書を無効なものとして、再度二男と三男が相続したこととしたい）と思っているが、できるか。

POINT	・そもそも負担付遺贈といえるのか ・受贈者が約束に反して母親の面倒を見ない場合、遺贈の効力はどうなるのか ・どのような場合であれば、遺贈の取消しが認められるか

誤認例	負担付遺贈として、負担の義務を果たしていない以上、遺言書は当然に無効となる。

本当は	負担付遺贈は、負担を条件とするものではないので、負担を履行しなくても遺贈の効力は発生し、負担が履行さ

れないからといって、遺贈が当然に効力を失うこともない。負担が履行されない場合は、家庭裁判所によって遺贈が取り消されることがあるにとどまる（民1027）。

長男が具体的にどのような扶養・介護を行ったかによって、取消しが認められるか否かが判断されることとなる。虐待したり金銭を横領等しているのであれば、負担は履行していないものとして取消しが認められるべきだが、その証拠がない場合は取り消すことは困難である。

解　説

1　負担付遺贈か否かの問題

　「長男は母親と同居して母親を扶養し、母親にふさわしい老後を送ることができるよう最善の努力をするものとし、長男の妻と共に母親の日々の食事はもとよりその他身の回りの世話をその満足を得るような方法で行いなさい」という負担は非常に抽象的であり、そもそも負担付遺贈といえるのか否かが問題となります。

　この点参考となる判例として、東京地裁昭和59年8月31日判決（判タ542・237）が挙げられます。これは負担付遺贈ではなく、負担付死因贈与の取消しが認められるか否かについての判例ですが、「被告は、原告がAと同居することは、負担付贈与契約における負担といえるものではない旨主張するが、従前居住していた住居を引き払って、肝臓に持病を持つ老齢者と同居し、その身の回りの世話をすることは、これをもって負担付贈与契約における負担とみることに何ら支障のないものというべきである」と判断しており、参考となります。

　同じく、負担付死因贈与の取消しが認められるか否かに関する事例ですが、負担約定の内容が、近所に住み贈与者の身の回りの世話をす

ること、生活費不足の場合その支出をすることという事例において、裁判所は負担付死因贈与であるという前提で判断をしています（ただし負担付死因贈与であることについて当事者で争いがなかった事案です。）（東京高判昭54・12・20判タ409・91）。

したがって、抽象的であるがゆえに負担でないとはいえず、本事例のような義務は負担に該当する（負担付遺贈といえる）と考えます。

なお、遺言において祭祀承継者として指定された者が、法事等の祭祀をきちんと行わないので、負担付遺贈が取り消されるべきだとして争いとなった事例もありますが、裁判所は祭祀承継者は「被相続人の道徳的宗教的希望を託されたのみで祭祀を営むべき法律上の義務を負担するものではない」と判断して、負担付遺贈であることを否定しています（宇都宮家栃木支審昭43・8・1判タ238・283）。

2　負担の義務を履行していない場合

負担付遺贈は、負担を条件とするものではありませんので、負担を履行しなくても遺贈の効力は発生し、負担が履行されないからといって、遺贈が当然に効力を失うこともありません。負担が履行されない場合は、家庭裁判所によって遺贈が取り消されることがあるにとどまります（民1027）。

3　負担付遺贈の取消し

扶養・介護義務は抽象的なことが多く、負担を履行したといえるのか（遺贈が取り消されるべきか否か）において争いになることがあります。毎月一定の金員を老親の生活費として支給するという扶養義務であれば、負担内容も明確で履行の有無の判定も容易ですが、そうでない場合の争いは深刻です。東京地裁昭和59年8月31日判決（判タ542・237）は負担付遺贈ではなく、負担付死因贈与の取消しが認められるか

否かについての判例ですが、「原告が右約定に従い、昭和53年3月26日より家族ともども従前の住居を引き払い、本件建物に転居し、本件建物においてＡと同居し、（原告がＡと同居したことは当事者間に争いがない。）、以来、同人と生計を一にして食事、洗濯、掃除、買物等の家事を行うとともに、Ａの生存中、同人が自らなしうること以外の同人の身の回りの世話一切をみてきたとの事実が認められる」として取消しを否定しています。

　同じく、負担付死因贈与の事例ですが、負担約定の内容が、近所に住み贈与者の身の回りの世話をすること、生活費不足の場合その支出をすることという場合に、約定後死亡まで約4年のうち贈与者の病気療養の約6か月間看病したこと、贈与者と同居するため自宅を売却し準備したこと等で負担が履行されたとして契約解除が否定された判例もあります（東京高判昭54・12・20判タ409・91）。

　本事例は、遺言に「長男は母親と同居して母親を扶養し、母親にふさわしい老後を送ることができるよう最善の努力をするものとし、長男の妻と共に母親の日々の食事はもとよりその他身の回りの世話をその満足を得るような方法で行いなさい」と記載されているわけですから、長男が具体的にどのような扶養・介護を行ったかによって、取消しが認められるか否かが判断されることとなります。虐待したり金銭を横領等しているのであれば、負担は履行していないものとして取消しが認められるべきと考えます。

（野口　大）

第3章 遺言書

【23】 遺言に預貯金残高は記載しておいた方がよいのか？

遺言の作成を考えているが、書籍等を見ると、遺産はできる限り特定するべきと記載されているため、預貯金については残高まで記載しておいた方がよいか。

| POINT | ・遺言に預貯金残高まで記載するべきではない |

| 誤認例 | 遺言において預貯金の記載をする場合、残高まで記載しておくべきである。 |

| 本当は | 遺言において預貯金の記載をする場合、残高まで記載するべきではない。 |

解　説

　遺言作成後において残高が変動する可能性があるにもかかわらず、残高まで記載すると、残高を超える部分については遺言の対象外と評価され、未分割遺産として残ってしまうため、残高まで記載するべきではありません。

　この点に関連して、遺言において預貯金の記載をする場合、銀行名・支店名を記載するのが通常ですが、銀行あるいは支店の統廃合により、銀行名あるいは支店名が変わったとしても、特に問題は生じません。

しかしながら、銀行自体がつぶれてしまった場合には、当該銀行の預貯金にかかる部分は無効となってしまいます。預貯金をある特定の相続人に全て相続させるというような場合であれば、上記のリスク回避のため、「その他の預貯金を相続させる。」との文言も記載しておくとよいでしょう。

（新井　教正）

【24】 相続人でない受遺者の情報としては氏名・住所を記載しておけば十分なのか？

遺言を作成中だが、懇意にしていた友人にも遺産の一部を渡したいと考えている。ただ、推定相続人である子らと友人との間には面識が全くない。この場合、友人の情報はどの程度記載しておけばよいか。

| POINT | ・相続人でない受遺者については、氏名・住所と共に本籍地も記載しておくべき |

| 誤認例 | 受遺者の特定については、氏名と住所を記載しておけば十分である。 |

| 本当は | 受遺者の特定については、氏名・住所と共に、本籍地も記載しておくべきである。 |

解　説

　遺贈を実現するためには、当然のことながら、受遺者を特定する必要があります。

　相続人や遺言執行者が受遺者を知っていれば特に問題はありませんが、誰も受遺者のことを知らない場合、遺言の記載内容が唯一の手掛かりとなります。

　もちろん、遺言作成時と相続開始時とで住所が変わっていない、あ

るいは、住所が変わっていても5年以内であれば、住民票の除票を取得することで新しい住所を知ることはできますが、住所変更から5年を経過すると、住民票の除票が取得できなくなり、受遺者の現住所を知ることができなくなります。

これに対し、本籍地まで記載されていれば、本籍地が変更されない限り、住所変更から何年経っても、戸籍の附票を取得することにより、受遺者の現住所を知ることができます。

もちろん、本籍地が変更されると、変更から5年経過すれば旧戸籍の附票が取得できなくなりますが、住所に比べ、本籍地を変更する可能性は小さいといえるため、受遺者の特定のためには、本籍地まで記載しておくべきです。

（新井　教正）

第3章　遺言書

【25】　「相続させる」旨の遺言と代襲相続の落とし穴

「相続させる」旨の遺言により特定の遺産を取得するとされた者が遺言者より先に死亡し、遺言者が新たな遺言を作成せぬまま、死亡した。先死した者の代襲者に代襲相続は認められるか。

POINT	・「相続させる」旨の遺言については、基本的には代襲相続を認めないのが実務上の趨勢であるが、具体的事情によって認める場合も想定される ・解釈に疑義が生じそうな場合には、予備的条項を入れるなどの工夫が必要

誤認例	「相続させる」旨の遺言により遺産を取得するとされた者が、遺言者より先に死亡した場合、当然に当該遺言は失効し、先死した者の代襲者に代襲相続は認められない。

本当は	遺言者が先死した者の代襲者に遺産を相続させる旨の意思を有していたと見るべき「特段の事情」があると認められる場合には、先死した者の代襲者に代襲相続が認められる場合がある。

解　説

1　遺贈と「相続させる」旨の遺言

遺贈については、受遺者が先死した場合に遺言の効力が失われるこ

とは明文の規定があります（民994①）。

　一方、「相続させる」旨の遺言の法的性質は、特段の事情のない限り、遺産分割方法の指定であるとされていますが（最判平3・4・19判夕756・107）、特定の遺産を取得するとされた者が先死した場合に、どのように扱われるかは明文の規定がありません。

2　「相続させる」旨の遺言により遺産を取得するとされた者が先死した場合

　従来の判例において、「相続させる」旨の遺言によって遺産を受けるべき相続人が遺言者（被相続人）よりも先に死亡した場合に代襲相続を認めるか否かについては結論が分かれていました（ただし、消極判断が多数）。

　しかし、この点に関し、最高裁平成23年2月22日判決（判夕1344・115）が、「相続させる」旨の遺言により遺産を取得するとされた者が先死した場合は、遺言者が先死した者の代襲者に遺産を相続させる旨の意思を有していたと見るべき「特段の事情」のない限り、効力は生じないという判断を示したことで、実務上の判断基準はほぼ固まったものといえます。

3　代襲相続を肯定するに足りる「特段の事情」

　もっとも、上記最高裁判決に先立つ東京高裁判決（東京高判平18・6・29判夕1256・175）では、被代襲者の死亡後に、被相続人が代襲者も含めた遺産分割方法を指定した遺言を作成しようとしていたなど、個別の事情も考慮して、結論において積極に解しています。

　また、上記最高裁判決においても、遺言者が先死した者の代襲者等に遺産を相続させる旨の意思を有していたと見るべき「特段の事情」があるときは、当該代襲者に遺産を相続させるという余地を残してい

ます。ですから、上記のような場合に、当然に当該遺言が失効すると即断するのは禁物であると筆者は考えます。

今後、同種事案において、どのような事情が肯定されれば、代襲相続を肯定するに足りる「特段の事情」となるのかについて、判例が集積されていくものと思われます。

4 遺言者の意図しない解釈の余地を残さない事前の対応

もちろん、遺言者において、相続人が先死した場合にはその代襲者が取得することを望むときは、その旨を遺言書で明示しておくことがより適切であることは言うまでもありません。

逆に、これを望まないときは、明文の規定（民994①）のある「遺贈」の文言を用いたり、遺言書を作り直す、あるいは予備的条項を入れておくなど、遺言者の意図しない解釈の余地を残さないよう、事前の対応が必要です。

5 本事例の注意点

いずれにせよ、遺言者の意思が不明確なまま相続が開始すると、後日の裁判で「遺言者の意思解釈」が問題となり得るという点については自覚的である必要があります。

また、このような事例について相続開始後に相談されたときには、当然に当該遺言が失効している等と即断せずに、上記「特段の事情」の有無について、個別具体的に検討することが必要です。

（小林　寛治）

【26】 受遺者が先に死亡した場合の処理はどうなるか？

子のいない遺言者が「第1条　預貯金の解約金及び現金の中から、①Ａ特定非営利法人に金100万円、②亡兄の妻Ｂに200万円をそれぞれ遺贈する。第2条　①土地建物全部を配偶者Ｅに相続させ、②亡兄の子らＣ、Ｄに各100万円を相続させる。③預貯金の解約金及び現金から上記合計500万円を控除した残金及びその他一切の財産を配偶者Ｅに相続させる」という遺言をしたが、亡兄の妻Ｂが遺言者より前に死亡していた場合、同人に遺贈すべきであった200万円はどうなるか。

| POINT | ・民法994条により先死者への遺贈は無効となり遺贈財産は民法995条によって相続人に帰属するのが原則
 ・ただし、遺言書に「その他一切の財産」についての記述がある場合はその内容に従うこととなる |

| 誤認例 | 亡兄の妻Ｂに遺贈すべきであった200万円は、相続財産として残存し、相続人資格者である亡兄の子Ｃ、Ｄと配偶者Ｅとの遺産分割の対象となる。 |

| 本当は | 亡兄の妻Ｂに遺贈すべきであった200万円は、「その他一切の財産」に含まれ、配偶者Ｅに相続させることになる。 |

第3章　遺言書　　　　69

解　説

　まず、特定遺贈の受遺者が遺言者よりも先に死亡した場合は、その遺贈は、効力を生じないと民法994条に定められています。

　民法994条の場合の適用の結果として、民法995条には、「遺贈が、その効力を生じないとき、又は放棄によってその効力を失ったときは、受遺者が受けるべきであったものは、相続人に帰属する。」と記載されており、相続財産として残存するものとされています。

　しかし、同条ただし書において、「ただし、遺言者がその遺言に別段の意思を表示したときは、その意思に従う。」と規定されていますので、本事例の遺言においては、「控除した残金及びその他一切の財産を、配偶者Eに相続させる」という別段の意思表示に従うことになります。

　本事例の遺言者の意思を解釈すれば、相続人資格を有しないA特定非営利法人に100万円とBに200万円を遺贈すると定めた単発の特定遺贈だけでなく、相続人資格を有するC、Dの2名には、各自100万円のみを相続させ、その他一切の財産をEに相続させるという意思が明白です。

　したがって、受遺者が先死した場合であれ遺贈を放棄した場合であれ、いずれの部分もEに帰属させる意思が明白です。

　よって、仮にBが先死していても、Bに遺贈すべきであった部分が相続財産として残存するなどと解釈する余地は、全くありません。

　　　　　　　　　　　　　　　　　　　　　　　　（藤井　伸介）

【27】 遺言執行者に清算権限を与えて各相続人に分配させるという方法の登記上・税務上の落とし穴

遺言者には、相続人としてA、Bの2名がいるが、「遺言執行者において、不動産、預貯金、有価証券、その他一切の財産を換価売却し、相続債務、葬儀費用、遺言執行費用、その他諸経費を控除した残額について、Aに2分の1を、Bに3分の1を、C（相続人ではない者）に6分の1を、それぞれ遺贈する」との遺言を作成しており、私が遺言執行者に指定されている。今般、不動産について買主が現れたため、登記手続を行う必要があるが、手続の流れはどうなるか。

POINT
・清算型遺贈の効力
・清算型遺贈による不動産の売却に必要な登記手続
・清算型遺贈と譲渡所得税

誤認例　清算型遺贈がなされ、対象に不動産が含まれる場合、遺言執行者は、被相続人名義の登記から直接売買を原因とする買主への所有権移転登記ができる。

本当は　遺言執行者の単独申請により一旦相続登記を経由し、その後、遺言執行者と買主との共同申請により売買を原因とする所有権移転登記を行う必要がある。

第3章 遺言書 71

> 解　説

1　清算型遺贈の効力

　本事例のような遺言は、一般的に清算型遺贈といわれていますが、遺言執行者の権限が一切の財産に及びますので、包括遺贈の一種であると考えられており、遺言執行者は遺産全体を管理清算する権限を有するといえます。

2　清算型遺贈による不動産の売却に必要な登記手続

　遺産に属する財産のうち、預貯金、有価証券、動産類などについては、不動産のような登記制度がなく、「権利移転の経過を登記の表示上に反映させる」という必要も全くないため、遺言執行者の権限により、預貯金を解約し、有価証券についても解約あるいは売却し、動産類についても売却あるいは廃棄処分をすることにより、換価作業を行うことができます。

　しかしながら、不動産の売却については、買主への所有権移転登記をすることが必要不可欠であるところ、現在の登記実務においては、①相続人が存在する場合には、遺言執行者の単独申請により、一旦相続登記を経由（昭45・10・5民事甲4160）し、その後、遺言執行者と買主との共同申請により売買を原因とする買主への所有権移転登記を行う必要があります（昭52・2・4民三773）し、②相続人不存在の場合には、遺言書において遺言執行者が指定され、あるいは既に家庭裁判所において遺言執行者が選任されているときは、改めて相続財産管理人を選任する必要はなく、遺言執行者の単独申請により相続財産法人への登記名義人表示変更の登記を行い、その後、遺言執行者と買主との共同申請により売買を原因とする所有権移転登記を行う必要があります（「相続人不存在の場合における清算型遺言による登記手続について」登記研究619号219頁（1999））。

3 清算型遺贈と譲渡所得税

　上記のように、清算型遺贈において遺言執行者が不動産を売却する場合、一旦、相続人名義の登記を経由することになるため、登記上は相続人が売主となっています。受遺者が相続人であれば特に問題は生じませんが、受遺者が相続人以外の場合、誰が譲渡所得税の申告・納税を行うべきかが問題となります。登記上は相続人が売主となっているものの、相続人は実質的に何らの利益も得ていないためです。この点については、確定的な見解が存在しないため、所轄の税務署に相談した上で対応すべきでしょう。

（新井　教正）

第3章　遺言書

【28】 「その余の一切の……」の遺言文言に潜む落とし穴

　被相続人Ａは、相続人となる子らが後々相続でもめないよう、遺産のうち、複数ある登記済不動産の全てを長男Ｂに取得させ、その余の一切の動産類を二男Ｃに取得させる旨の遺言書を作成した。相続人としては他に長女Ｄが存在するが、Ｄには嫁いだ際に支度金として著しく高額の現金を渡していたため、これ以上遺産を与える必要もないと考え、あえて何も記載しなかった。その後、Ａについて相続が開始したが、相続人らがもめる可能性はないと考えてよいか。

POINT	・「その余の一切の……」という遺言文言を入れておけば常に遺産分割は不要か？

誤認例	「その余の一切の動産類」について取得者が指定されている以上、遺言書に記載されていない不動産や預貯金等があった場合でも、もはや遺産分割協議をする余地はなく、相続人らがもめることもない。

本当は	遺産の中に遺言に記載されていない不動産や預貯金等がある場合には、「その余の一切の動産類」には含まれないものとして、これらの遺産について遺産分割協議が必要とされる可能性が高い。その際、Ｄが結婚の際に受け取った支度金については持戻し免除の意思表示があったとして、Ａの意に反して、これらの遺産をＤが法定相続分以上の割合で取得してしまう可能性がある。

解　説

1　遺言における遺産の特定

　遺言は要式行為ですので、遺言で処分しようとする遺産については漏れなく記載しておく必要があります。本事例では、一応、「その余の一切の動産類」をCに相続させるとして、Aは遺産の処分について漏れなく記載したつもりなのかもしれませんが、実際に相続が開始すると、様々な点でもめる原因を作り出す可能性の高い内容となっています。

2　未登記不動産や預貯金がある場合

　まず、Aは遺産のうち「登記済不動産の全て」と「一切の動産類」しか遺言に記載しておらず、もし遺産に未登記建物がある場合、仮にAの認識では「一切の動産類」に含まれると考えていたとしても、建物は動産ではないとの認識の方が一般的ですので、遺言に記載のない遺産として、遺産分割の対象とされてしまう可能性が高いといえます。また、遺産の中に預貯金があった場合も同様です。強いて言えば「動産類」の「類」の中に含まれると解する余地もないではありませんが、もめることは避けられません。

　それでは、「動産類」という表現を避け、「その余の一切の財産」と記載すれば問題ないのでしょうか。結局、相続人間で認識が一致すればよいのですが、例えば、未登記不動産はあくまでも不動産であり「財産」とは別だと主張されることもあります。したがって、争いになりそうな遺産については、疑義を生じないよう細心の注意を払って記載しておくことが必要です。

3　特別受益の持戻し免除の意思表示の有無

　本事例で、遺言に含まれない財産があると判断された場合には遺産

分割協議が必要となります。その場合、Aの遺言書には特別受益についての持戻し免除の意思表示に関する記載がないため、その有無をめぐってもめる可能性もあります。

まず、Dについては、そもそも支度金の金額が他の相続人に分からない場合、特別受益なしとの前提で話が進むことになります。また、仮に金額が判明したとしても、Aに持戻し免除の意思表示があったと解釈されてしまうと、B、C、Dは同じ相続分で残された遺産を取得することになり（民903③）、Aの生前の意に反した結論になってしまいます。

他方、BとCについては、遺言により取得した財産につき、もし遺贈で取得したと解釈されてしまうと、特別受益として扱われ、しかも、万一、Aに持戻し免除の意思表示がなかったと認定されてしまうと、BとCについては持戻し計算の結果、本来の法定相続分よりも少ない割合でしか残された遺産を取得できなくなります。

もともとAは子らが相続でもめないように遺言書を作成したわけですが、このようにその内容をめぐってさんざん争われた挙句、最後はAの本来の意に反した結論が出される可能性があるわけです。せっかく遺言を作成するのであれば、十分注意した上で作成することが必要といえるでしょう。

4 参考情報

持戻し免除の意思表示については、改正民法（相続法）〔1年以内施行〕では、婚姻期間が20年以上の夫婦間で、居住用不動産の遺贈又は贈与がされたときは、持戻し免除の意思表示があったものと推定するとされており（改正民（相続）903④〔1年以内施行〕）、もし、持戻し計算を前提とするのであれば、その点、明確に意思表示をしておく必要があります。

（塩田　慶）

【29】 受遺者の意思を確認しておくことは重要なのか？

　被相続人Ａは、相続人と不仲であることから、自身の遺産については相続人に相続させるのではなく、生前にお世話になったお寺（これを設置・運営する団体名や住所は不明）に全ての遺産を遺贈したいと考えている。しかしながら、亡くなる前からその旨お寺に伝えることについては抵抗があるので、一方的に遺言書の中で、そのお寺に遺贈すると書くことにしたが、一方的な意思表示のみでよいか。

| POINT | ・遺贈であれば本当に一方的な意思表示のみで足りるのか |

| 誤認例 | 遺贈は単独行為であるから、受遺者の意向を確認するまでもなく、遺言者の希望のみで有効になし得る。また、お寺の名前を書いておけば、その合理的意思解釈により、当該お寺を設置・運営する団体に遺贈されることになる。 |

| 本当は | 一方的に遺贈しても、受遺者から拒否されることがある。また、お寺を受遺者としても、権利能力がなければ遺贈できずに終わり、結局、相続人に相続されてしまう可能性がある。 |

第3章　遺言書　　　　77

解　説

1　遺贈の放棄

　遺言は確かに単独行為ではありますが、受遺者は遺贈を受けてもこれを拒否する、すなわち、遺贈を放棄することができます。特定遺贈については、いつでも放棄できるとされ（民986①）、相手方（遺贈義務者又は遺言執行者）に対する意思表示により、また、包括遺贈についても相続放棄に準じた形で家庭裁判所に放棄の申述をすることにより、それぞれ放棄することが可能です（民990・938）。

　したがって、事前に受遺者となるべき者から了承を得ておかないと、いざ相続が開始し、遺言を執行しようとした段階で、これが実現できない可能性があります。特に、社会福祉法人の場合、遺贈を一切受け付けない場合もあり、また、宗教法人についても内部規則が設けられていることがありますので、そもそも当該相手方に対して遺贈が可能か、遺贈の対象となる遺産の種類や金額に制限がないかなどを事前に確認しておくことが必要となります。とりわけ不動産を遺贈しようとする場合については、固定資産税や管理費等の負担もあり、一般的に遺贈を受けることに消極的な場合が多いことから注意が必要です。

2　受遺者が特定できない遺贈の取扱い

　本事例では、Aは単にお寺に遺贈しようとしていますが、そもそもお寺は、お寺そのものが権利義務の主体となるのではなく、宗教法人が設置・運営していることが一般です。また、巷では、お世話になった老人ホームに遺産の一部を遺贈したいとする施設入所者も見受けられますが、老人ホーム等の福祉施設についても、通常は社会福祉法人等の法人が設置・運営しています。したがって、遺言書に、受遺者と

してお寺や老人ホーム等の名称だけ記載しても、特定が不十分とされ、遺言を実現できないおそれがあります。

　もちろん、遺言については、できるだけ遺言者の真意を探究して、遺言書の文言だけでなく、遺言書作成当時の事情及び遺言者の置かれていた状況などを考慮して、当該遺言書の条項の趣旨を確定すべきとするのが最高裁判所の立場です（最判昭58・3・18判時1075・115）。そして、「全部を公共に寄与する」との遺言条項につき、遺産を法定相続人に取得させず、これを全て公益目的を達成することのできる団体等に包括遺贈する趣旨であると解し、具体的な遺贈の相手方は遺言執行者の選定に委ねる趣旨を含むものであるとした最高裁判決（最判平5・1・19家月45・5・50）もありますので、一概に、お寺等を受遺者とする遺贈が常に無効だとは断定できませんが、できれば解釈に争いの余地がない形で遺言書を作成し、最高裁まで争われることなく遺贈が実現できた方がよいことは明らかです。

3　遺贈が実現できない場合の効果

　さて、万一、受遺者が不明確として遺贈の効力が生じない場合や受遺者が遺贈の放棄をした場合、遺贈の対象とされた遺産はどうなるのでしょうか。本事例では、全ての遺産が遺贈の対象となっていますので、当該遺贈が無効とされたり、放棄された場合には、前掲の平成5年の最高裁判決のような事案でもない限り、結局、相続人が相続することになると思われます。他方、例えば、遺産のうち現金100万円を遺贈する等の特定遺贈であれば、当該遺贈が無効とされたり、放棄された場合には、当該現金は誰が取得するべきと解すべきでしょうか。具体的には他の遺言条項にもよりますが、例えば「その他一切の財産」との記載がある場合、これに含めて扱うべきか、あるいは民法995条により相続人に帰属するものとして遺産分割協議の対象とすべきか、とい

第3章　遺言書　　79

う難しい問題に直面することになります。

　したがって、いずれにせよ、受遺者の特定が十分できない場合や放棄される可能性がある場合には、遺贈が効力を生じなかった場合に備えて、どうするかということを予備的に記載しておく必要があるといえます。

（塩田　慶）

【30】 包括遺贈があるが債務を免れたい場合の落とし穴

遺言者Ａは、一切の財産を長男Ｂに遺贈する旨の自筆証書遺言を残していたが、相続開始時点では遺産全体が債務超過の状態であったので、長男Ｂとしては、相続債務を引き継ぐことを避けたいと考え、法律の専門家に相談したところ、相続人資格者全員に相続放棄をしてもらって、相続財産管理人選任申立てをすればよいとのアドバイスを受けたので、そのとおり相続放棄申述の申立てをして受理され、その後第2順位及び第3順位の相続人資格者にも順次相続放棄申述申立てをしてもらって、全員の相続放棄が受理された。これによって相続財産管理人選任の申立てをすれば認められるか（相続人は存在しないこととなるか。）。

POINT	・相続人資格者全員の相続放棄申述申立てが受理されても、通常の相続放棄とは別に包括遺贈放棄の申述申立てをして受理されない限り包括受遺者は相続債務を免れない

誤認例	相続人資格者が第1順位から第3順位まで、順次相続放棄申述申立てをし、これが順次受理されて、相続人資格者全員の相続放棄申述申立てが受理された場合には、もはや相続人資格者がいなくなるから、相続人不存在の状態であって、利害関係人から相続財産管理人選任申立てがなされれば、それは認められる。

第3章　遺言書　　81

本当は	民法所定の相続人資格者の全員について、相続放棄申述申立てを受理されたとしても、自筆証書遺言による包括遺贈があれば、その包括受遺者は、民法990条により相続人と同一の権利義務を有するものとされるので、通常の相続放棄とは別に、包括遺贈放棄の申述申立てをして受理されない限り、包括受遺者は、相続債務を免れることはできない。

解　説

　最高裁平成9年9月12日判決（判時1618・66）は、「遺言者に相続人は存在しないが相続財産全部の包括受遺者が存在する場合は、民法951条にいう『相続人のあることが明かでないとき』には当たらないものと解するのが相当である。けだし、同条から959条までの同法第5編第6章の規定は、相続財産の帰属すべき者が明らかでない場合におけるその管理、清算等の方法を定めたものであるところ、包括受遺者は、相続人と同一の権利義務を有し（同法990条）、遺言者の死亡の時から原則として同人の財産に属した一切の権利義務を承継するのであって、相続財産全部の包括受遺者が存在する場合には前記各規定による諸手続を行わせる必要はないからである。」と判示しています。

　ところで、包括受遺者は、相続人と同一の権利義務を有し（民990）、遺言者の死亡の時から原則として同人の財産に属した一切の権利義務を承継するから、積極財産だけでなく消極財産も全部引き継ぐのであって（この包括遺贈による相続債務の承継を免れるためには、民法990条に基づき、相続人資格者について認められる民法938条による相続放棄申述の手続をしなければならないとするのが従前からの裁判実務

でしたが)、平成9年9月12日に至って最高裁がその裁判実務を追認した形です。

　この最高裁判例を知らずに、包括遺贈のあることを見過ごして無為に3か月を経過してしまうと、本来の相続人たる資格に基づいて相続放棄申述申立てをして受理されていても、包括受遺者としての資格により、相続債務を引き継がねばならないこととなります。

　実際に上記の如き事案がありましたが、改めて別途包括遺贈放棄の申述申立てをし、それが受理されたとのことであり、九死に一生を得たという次第でした。

《参考となる判例》

○本文に掲記の最高裁平成9年9月12日判決（判時1618・66）

○包括遺贈の承認又は放棄についても、民法915条1項により、自己のために包括遺贈のあったことを知った時から3か月以内に承認又は放棄をしなければならない。（大阪家審昭43・1・17判タ234・251）

○自己のために包括遺贈があった時から3か月以内に家庭裁判所に放棄の申述申立てをしなければ単純承認したものとみなされることになる。（東京地判昭55・12・23判時1000・106）

（藤井　伸介）

第3章 遺言書

【31】 遺言による認知の落とし穴

　Aには愛人Bとの間に生まれた子Cがいたが、生前に認知すると家族や親族との間で何かとトラブルが生じることが懸念されたため、遺言により認知するとともに、その全財産をCに相続させることにした。生前にDNA鑑定を行っておく必要はあるか。

POINT	・遺言による認知であればDNA鑑定は必要ないか ・DNA鑑定の結果を誰かに知らせておくべきか

誤認例	遺言により認知しておけば、AとCとの親子関係が確定し、争われることはないので、わざわざ手間と費用をかけてまでDNA鑑定を行っておく必要はない。

本当は	遺言により認知をしても、医学的な血縁関係がなければ無効であり、他の相続人はこれを争うことができる。したがって、無用な争いを回避すべく、生前にDNA鑑定をして、AとCとの血縁関係を立証できるようにした上で、Cやその親権者にその証明資料を引き継いでおくべきである。

解　説

1　遺言による認知

　認知とは、婚姻外に生まれた子を血縁上の父母が自己の子であると

認めることにより、血縁上の親子を法律上の親子とする行為であり、遺言によってもすることができます（民781②）。なお、法文上は、母も認知できることになっていますが、母の場合、分娩の事実により当然に親子関係が生じるとされているため、原則として母の認知は不要と解されています（最判昭37・4・27判タ139・65）。また、成人の子を認知する場合には、その子に扶養義務が生じることなどから、その子本人の承諾が必要となるので注意が必要です（民782）。

　遺言により認知した場合、この遺言は遺言者の死亡の時から効力を生じますが（民985①）、認知については、出生時に遡って効力を生じることになります（民784本文）。そして、遺言執行者に指定された者は、その就職の日から10日以内に、認知に関する遺言書の謄本等を添付して、認知の届出をしなければならないとされています（戸籍法64）。

2　遺言による認知をめぐるトラブル

　認知は生前にも行うことができますので、あえて生前に行わず、遺言で認知をするということは、本事例のように、家族や親族とのトラブルを避けて生前に認知しなかったケースが多いと思われます。そのようなケースで遺言者の死後、遺言による認知が判明した場合には、認知された子と家族や親族との間で激しいトラブルが生じることが予想されます。とりわけ兄弟姉妹のみが推定相続人であった場合、遺言による認知の結果、当該兄弟姉妹は相続分はもちろん、遺留分すら主張できなくなり、遺産を一切取得できないことになりますので、激しい抵抗が予想されます。

3　遺言による認知の無効が主張された場合

　具体的には、利害関係人である兄弟姉妹は、認知に対して反対の事実を主張することができることから（民786）、例えば、認知された子と

遺言者との間には血縁関係がないなどと主張して、認知の無効を主張することが考えられます。そのような場合には、調停前置主義の建前から、まず、利害関係人から、家庭裁判所に対し、認知された子を相手方として、認知無効の調停申立てがなされることになります。そして、調停の場で当事者間に合意が成立すると、家庭裁判所は事実関係を調査した上で、合意に相当する審判をします（家事277）。逆に、調停の場で当事者間に合意が成立しない場合には、利害関係人より認知無効の訴えを提起することになります。

　このようなときに、Aが生前、Cとの間でDNA鑑定をして、きちんとCやその親権者に引き継いでおけば、こうした無用な紛争を回避することができますが、これがない状態のままAが死亡してしまうと、Cやその親権者は十分な立証方法がない中で、AとCとの血縁関係を立証するという、極めて難しい立証活動を余儀なくされることになりますので注意が必要です。なお、遺言執行者については、認知の届出によって当該遺言執行を終了することになりますので、仮に認知の効力が争われた場合であってもその当事者にはなりません。

（塩田　慶）

【32】 固定資産評価証明書に基づいて不動産を特定するのか？

遺言書の内容に不動産の相続が含まれる場合、固定資産評価証明書の記載に基づいて不動産を表示してもよいか。

| POINT | ・固定資産評価証明書と不動産登記簿の記載が異なる場合がある |

| 誤認例 | 不動産登記簿が手元になければ固定資産評価証明書の表記を転記してもよい。 |

| 本当は | 固定資産評価証明書の表記と不動産登記簿の表記は異なることがある。 |

解　説

　固定資産評価証明書の表記と不動産登記簿の表記は異なることがあります。

　例えば建物の増改築を行って固定資産評価証明書には現状が反映されているが、不動産登記簿には反映されていないというケースは多々あります。

　また土地についても、固定資産評価証明書では公衆用道路等非課税

部分を除外した面積が記載されているケースもあります。

　よって、必ず不動産登記簿を確認して物件を特定する必要があります。

（野口　大）

【33】 遺産の中に私道がある場合でも遺言書に書かなくてもよいか？

　遺言者Ａの遺産の中には、私道を構成する敷地が存在していたが、Ａは私道に隣接する土地については相続人Ｂに相続させると記載したものの、私道については遺言書に記載しなかった。Ｂは私道を当然に取得できるか。

POINT	・私道について遺言書に記載がない場合にはどうなるのか

誤認例	遺産の中に私道がある場合、私道は従物として主物たる遺産の取得者が当然に取得すると考えられるから、別に遺言書に記載しなくとも不都合はない。

本当は	私道を構成する敷地も遺産である以上、Ｂに相続させたいのであれば遺言書にその旨記載する必要があり、遺言書に記載がない場合には、Ｂは当然には私道を取得することはできず、遺産分割協議によってその取得者が決められることになる。

第3章　遺言書　　　89

解　説

1　道　路

　一般交通の用に供する道を「道路」といい、このうち行政が築造管理する道路を「公道」、私人が築造管理する道路を「私道」といいます。

　公道の代表的なものは道路法上の道路であり、その大部分は国又は公共団体・公法人が所有するものですが、まれに私人の所有のまま公道となっているものもあります。そして、道路法上の道路に関しては、道路を構成する敷地、支壁その他の物件について、私権の行使はできないとされていますが（道路4本文）、一般交通の支障とならない「所有権の移転、抵当権の設定・移転」は可能とされています（道路4ただし書）。

　他方、私道については、そのほとんどが私人の所有ですが、中には国公有のものもあるようです。そして、私道は私人が築造し管理するものですので、一定の制約があるとはいえ、基本的に、その開設・廃止は私権の行使として行うことができ、また、私道を構成する敷地等についても所有者は当然に処分することができます。

2　遺産の中に私道が含まれる場合

　本事例のように、遺産の中に私道を構成する敷地が含まれている場合には、その所有権を遺言で処分することは可能であり、逆に、遺言書に記載がなければ、遺産分割によってその取得者が決まることになります。したがって、私道に隣接する土地についてはBに相続させるとしながら、私道について遺言書に記載していないと、Bは当然には私道を構成する敷地を取得することはできず、共同相続人全員を当事者とする遺産分割協議を行う必要が生じることになります。その際、Bは、私道を構成する敷地の所有権を取得するために、他の共同相続

人に代償金を支払わざるを得なくなる事態も予想されますので、Aとしては、そのような事態を避けたいのであれば、事前に遺産となる不動産を購入した当時の売買契約書や登記済権利証、登記識別情報、さらには登記事項証明書の共同担保目録欄などを十分確認し、私道を構成する敷地を遺産から漏らしていないか、細心の注意を払う必要があるといえます。

（塩田　慶）

第3章 遺言書

【34】 遺言書に「有価証券」「預金」「株式」と記載する場合の落とし穴

遺言書に財産を記載するが、「有価証券」「預金」「株式」などの特定における留意点はないか。細かく特定する方がよいのか。

| POINT | ・遺言書の「有価証券」に預金は含まれると解釈できるか
・遺言書の「株式」に投資信託等は含まれると解釈できるか
・誤解がないようにするにはどのように特定すればよいのか |

| 誤認例 | 遺言書を作成する場合、対象財産の特定は細かく記載した方がよい。 |

| 本当は | 細かく特定しすぎて、遺贈の対象から外れるケースがある。 |

解　説

　遺言書に「有価証券を遺贈する」とある場合、預金も遺贈の対象として含まれると解釈できるか否かでトラブルとなった事例もあります（東京地判平20・10・2（平19（ワ）14645））。裁判所は、「遺言書の文言を前提にしながらも、遺言者が遺言書作成に至った経緯及びその置かれた

状況等を考慮することも許される」という最高裁平成5年1月19日判決（家月45・5・50）を引用し、遺言者が遺言書作成に至った経緯の詳細を事実認定した上で、預金も対象として含まれると判断しましたが、事例判断にすぎません。そもそもこのような紛争が発生するような遺言書を作成すること自体が問題です。

　同様に、証券会社の口座なので「株式」と記載したところ、「投資信託」も含むのか否かでトラブルとなった例もありますし、「ワラント債」と取引商品名を記載したところ、遺言の効力発生時には、当該商品の取扱いがなく、契約内容が変わっていたため、取引していた商品が遺言の対象から外れた例もあります。

　よって、遺言書を作成する場合には残高証明書等に基づいて漏れなく正確に記載するか、又はその後に取引内容の変動があることも見越して、逆に包括的に記載すること（「○○証券○○支店口座番号○○で保管中の預り金・有価証券・投資信託・その他一切の金融資産」）を検討するべきでしょう。

（野口　大）

第3章 遺言書

【35】 遺言書に「金融資産」と記載する場合の落とし穴

遺言者は、現金以外に、預貯金債権、信託受益権、有価証券等の金融資産を有していた。公正証書遺言を書く際に、現金が当然に金融資産に含まれるとして、「遺言執行者において、下記金融機関又は自宅や貸金庫に存する遺言者所有の金融資産（預貯金債権、信託受益権、有価証券等）の全てを適宜解約換金した上、葬儀費用・相続債務・遺言執行費用・遺言執行者の報酬を控除した残額について、相続人Ａ、Ｂ、Ｃ、Ｄに各自4分の1ずつ相続させる」と記載してよいか否か。

| POINT | ・遺言書に記載した「金融資産」に現金が含まれるか否かで争いになるのか |

| 誤認例 | 当然に現金も含まれるから、「遺言執行者において、下記金融機関又は自宅や貸金庫に存する遺言者所有の金融資産（預貯金債権、信託受益権、有価証券等）の全てを適宜解約換金した上、葬儀費用・相続債務・遺言執行費用・遺言執行者の報酬を控除した残額について、相続人Ａ、Ｂ、Ｃ、Ｄに各自4分の1ずつ相続させる」と記載すれば足りる。 |

| 本当は | 「金融資産」に現金が含まれるか否かは一義的に明らかではない。つまり「金融資産」の直後の（　）内に「現金」が含まれていない場合、「金融資産」に「現金」が含まれ |

るか否かで争いとなる可能性があることから、「遺言執行者において、下記金融機関又は自宅や貸金庫に存する遺言者所有の現金及び金融資産（預貯金債権、信託受益権、有価証券等）の全てを適宜解約換金した上、葬儀費用・相続債務・遺言執行費用・遺言執行者の報酬を控除した残額について、相続人Ａ、Ｂ、Ｃ、Ｄに各自4分の1ずつ相続させる」と記載すべきである。

解　説

　企業会計基準においては、「金融資産」に「現金」が含まれますが、貸金庫に数千万円の現金がある場合など事例によっては、「金融資産」に「現金」が含まれないと遺言者本人が考えていたケースもあり得るため、遺言書には、「金融資産」に「現金」が含まれているか否か、明示した方がよいでしょう。

　ちなみに、本事例では、現金を含む金融資産の全部を解約換金するとされていますが、「その他一切の財産をＡ、Ｂ、Ｃ、Ｄ以外のＥに相続させる」とする遺言文言があり、自宅に数千万円の現金が保管されていた場合には、金融資産に現金が含まれるかによって、熾烈な紛争が発生する可能性があります。

　したがって、「金融資産には当然に現金も含まれる」あるいは「金融資産には当然に現金は含まれない」と決めつけるのではなく、遺言文言において「現金」の扱いを明示しておくのが賢明でしょう。

（髭野　淳平）

【36】 貸金庫開扉権限を記載する場合の落とし穴

　現時点では貸金庫を借りていないが、将来借りる可能性があるため、遺言執行者の権限として念のため貸金庫開扉権限を記載しようと思っている。
　記載するデメリットは特にないと考えてよいか。

POINT	・貸金庫開扉権限を記載してかえって紛争となる場合もある

誤認例	貸金庫開扉権限を記載するデメリットは特にない。相続発生時に貸金庫がなければその部分が無意味な記載となるだけである。

本当は	「遺言書作成時点では貸金庫契約をしていないが、将来貸金庫契約を締結したときには」などと限定しておく必要がある。

解　説

　貸金庫開扉権限を定める場合、現に契約しているときは、当該貸金庫のある銀行支店名を明示して開扉権限を定めればよいですが、遺言書作成時点で貸金庫契約がないときは、そもそも記載しないか、「遺言書作成時点では貸金庫契約は存在しないが、将来貸金庫契約を締結したときには」等と限定しておく必要があります。

なぜなら、最終的に遺言者が貸金庫契約を締結しなかった場合に、遺言者の死亡後に、相続人間で「貸金庫契約があったはずだ」と強硬に主張される原因となり、紛争の原因となり得るからです。

なお、最近の公正証書遺言では、原則として、預貯金解約権限を記載しています。これが記載されていれば、金融機関も対応しやすいからです。

単に特定の預貯金を遺贈あるいは相続させると記載した場合には、遺言執行者では解約に応じない場合もあるので留意が必要です。

（髭野　淳平）

【37】 在外資産がある場合の遺言の落とし穴

ハワイの不動産を長男に相続させようとして日本で公正証書遺言を作成しても、いざ登記という段階になって手続が前に進まないことがあると聞いた。何に留意すればよいのか。

| POINT | ・日本の遺言だけでは、在外資産の引渡しや名義変更がスムーズにいかないことがある |

| 誤認例 | 在外資産を特定して遺言書に記載すれば、日本国内の資産同様に執行できる。 |

| 本当は | 日本の遺言執行者が在外資産について執行することが困難な場合も多い。 |

解説

日本に国際裁判管轄があり、適法な準拠法に基づいて手続が行われたとしても、在外資産について、実際に遺言で定められた遺贈等を実行する（引渡しを求める、名義を変更する等）ことができるのかは、甚だ不透明です。特に英米法系で管理清算主義を採用している国においては、裁判所が関与するprobate手続が必要な場合が多く（例えばハワイ州ではハワイに所在する全ての財産についてprobateが必要となります。）、日本で選任された遺言執行者がprobateを経ないで在外資

産の引渡しや名義書換えを直接求めても、スムーズに行かないことが予想されます。

　在外資産については、現地の弁護士に依頼し、現地で遺言書を作成する等の方策を講じた方が安全です（参考文献として、酒井ひとみ＝東京クロスボーダーズ『国際相続の法務と税務』（税務研究会出版局、2014）などがあります。)。

（野口　大）

第3章 遺言書 99

【38】 特定物件を遺贈する遺言が包括遺贈とされることがあるのか？

永年介護をしてくれた四女と同居していた遺言者が、次の①～④の公正証書遺言をした。

① 四女は、永年の介護も含め私をよく支えてくれました。これからもA家の跡取りとして祭祀の主宰及び家族一統の指導と繁栄を期待します。

② この遺言の目的たる財産は、遺言者の相続開始のとき有する全財産とし、その内容は次のとおりです。1不動産、2現金預貯金債権・信託受益権、3有価証券、4保険契約に関する権利、5一切の動産、6その他一切の財産（具体的内容は省略）

③ 遺言者は、1不動産、4保険契約に関する権利、5一切の動産及び6その他一切の財産を四女に遺贈します。

④ 遺言者は、2現金預貯金債権・信託受益権及び3有価証券を、遺言執行者をして時価にて換価処分させ、その換価代金から遺言者の葬儀費用・一切の債務・遺言執行費用・遺言執行者の報酬を控除した残額のうち長女・二女・三女にそれぞれ500万円を遺贈し、その遺贈後の残額を四女に遺贈します。

上記遺言における四女への遺贈は、特定遺贈か包括遺贈か。

POINT　・遺言書に包括遺贈と記載されていなくても、遺言書全体の趣旨から包括遺贈と解釈できる場合もある

誤認例　上記遺言書③において、個別具体的に特定した「1不動産」及び「4保険契約に関する権利」を遺贈しているから、これらは特定遺贈に間違いなく、「5一切の動産」、「6その他

一切の財産」についても、相続債務を除外した積極財産の遺贈であるから、やはり特定遺贈である。また、相続債務等を控除した残金の遺贈も、「2現金預貯金債権・信託受益権」、「3有価証券」という限られた範囲の遺産についての換価代金の残金の分配であるから、特定遺贈である。

したがって、上記遺言における四女への遺贈は、特定遺贈である。

本当は　本事例において、遺言書全体の趣旨に鑑みれば、全部の遺産から長女・二女・三女にそれぞれ500万円を遺贈した部分を除いたその他全部の遺産を包括して四女に遺贈したものであるから、遺言における四女に対する遺贈は、四女に対する包括遺贈である。

解　説

1　包括遺贈と特定遺贈との区別

　民法964条は、「遺言者は、包括又は特定の名義で、その財産の全部又は一部を処分することができる。」と規定しており、包括遺贈と特定遺贈との区別については、一般的には、「遺産のうち特定の財産を示して遺贈の対象とするものを特定遺贈といい、遺産についての配分割合を示して遺贈するものを包括遺贈という」と定義付けされることが多いようです。このような定義に従えば、本事例の遺言における③も④も特定遺贈であるといえそうです。

第3章　遺言書　　　101

2　遺産の一部を特定して複数名に遺贈する遺産を除外した残部全部を単独の受遺者に遺贈する場合

　しかしながら、包括遺贈には、複数の受遺者に各自の割合を定めて遺贈する割合的包括遺贈と、遺産の全部を単独の受遺者に遺贈する全部包括遺贈とがあり、遺産の一部を特定して複数名に遺贈する遺産を除外した残部全部を単独の受遺者に遺贈する場合には、一部の特定遺贈を除外した残部についての全部包括遺贈であるといえます。

　これを本事例の遺言に当てはめてみれば、遺産全部のうち、④における長女・二女・三女への各自500万円の特定遺贈を除外した残部の全部を四女に遺贈していることになりますので、四女への包括遺贈というべきことになります。

3　同一人に対する特定遺贈と包括遺贈との併存が認められるか否かの問題

　ところが、本事例の遺言書③については、文言上、明らかに遺産のうちの不動産と保険契約に関する権利を特定して、四女に遺贈すると記載されていますので、少なくとも、この部分については特定遺贈ではないかとの疑問が残ります。

　つまり、同一人に対する特定遺贈と包括遺贈との併存が認められるかということが問題となりますが、これは認められないといわざるを得ません。

　この点を検討する前提として、特定遺贈と包括遺贈の法的効果の違いを検討する必要があります。すなわち、特定遺贈は、いつでも放棄できますが（民986①）、包括遺贈については、包括受遺者は相続人と同一の権利義務を有する（民990）とされるため、相続債務についても包括的に承継することになりますので、包括遺贈を放棄する際には、相続人資格に関する相続放棄申述申立て（民938）と同様に、家庭裁判所

に対して「包括遺贈放棄申述申立て」をしなければなりません。その場合、通常の相続放棄と同様に、一部の遺産を除外して放棄することや一部の遺産あるいは相続債務だけを放棄することはできませんので、包括遺贈の一部のみの放棄はできません。したがって、一部の遺産のみを特定遺贈として承認して残部を全部放棄することもできません。

　包括受遺者以外の者に対する特定遺贈を除外した残り全部の遺贈の中には、確かに特定された遺産も含まれていますが、包括受遺者が特定された部分のみを放棄できるのか、あるいは特定された部分のみを承認してその他の部分を放棄できるのか、という問題を考えれば、前述のとおり、一部の放棄や一部のみの承認を認めることはできませんので、遺言書の文言上、一部が特定遺贈、その他は包括遺贈とするように見えても、同一人に対する特定遺贈と包括遺贈の併存を認めることはできないのです。そのような事情からも、本事例においては全体として包括遺贈であると解釈すべきです。

4　遺言の文言の解釈

　遺言の文言の解釈については、「遺言の解釈にあたつては、遺言書の文言を形式的に判断するだけではなく、遺言者の真意を探究すべきものであり、遺言書が多数の条項からなる場合にそのうちの特定の条項を解釈するにあたつても、単に遺言書の中から当該条項のみを他から切り離して抽出しその文言を形式的に解釈するだけでは十分ではなく、遺言書の全記載との関連、遺言書作成当時の事情及び遺言者の置かれていた状況などを考慮して遺言者の真意を探究し当該条項の趣旨を確定すべきものであると解するのが相当である。」とするのが最高裁判例ですから（最判昭58・3・18判時1075・115）、本事例の遺言書の解釈においても、③の一見特定遺贈に見える条項のみを他の部分から切り

離して解釈すべきではなく、遺言書全体を考慮して、当該条項の趣旨を確定すべきです。

　本事例の遺言書においては、①②などの文言もあり、遺言者が長女・二女・三女への各自500万円の遺贈以外の部分の一切を四女に託していることは明らかですから、本事例の遺言における四女への遺贈は、包括遺贈といわざるを得ません。

《参考となる判例》

○大審院昭和5年6月16日判決（民集9・550）

○高松高裁昭和32年12月11日判決（下民8・12・2336）

○熊本地裁八代支部昭和34年12月8日判決（下民10・12・2576）

（藤井　伸介）

【39】 遺言書に遺言執行者の報酬が定められていない場合はどうするのか？

遺言により遺言執行者に就任し、その業務を行ったが、報酬については遺言書に定めがなかった。こうした場合、遺言執行者は家庭裁判所に対して報酬付与の審判申立てをしなければならないのか。

| POINT | ・遺言書に遺言執行者の報酬が定められていない場合でも、常に家庭裁判所の審判が必要なわけではない
・むしろ、第一次的には相続人等との協議により、報酬の合意を形成することが実務的 |

| 誤認例 | 報酬について、遺言書に定めがない場合には、遺言執行者が家庭裁判所に対して報酬付与の審判申立てをしなければならない。 |

| 本当は | 相続人等と報酬についての合意ができれば、相続財産から遺言執行者の報酬を取得してよい。 |

解　説

1　遺言執行者の報酬

　遺言執行者の報酬については、民法1018条1項が「家庭裁判所は、相続財産の状況その他の事情によって遺言執行者の報酬を定めることができる。ただし、遺言者がその遺言に報酬を定めたときは、この限り

でない」と規定しています。

このように、遺言執行者の報酬については、遺言書で定められている場合にはその内容に従い、その定めがない場合は、遺言執行者が家庭裁判所に対して必ず報酬付与の審判申立てしなければならないようにも読めます。

2 報酬についての合意ができた場合

もっとも、遺言執行者と相続人ないし受遺者との間で協議し、相当な報酬額を合意するということは可能ですので、その意味において家庭裁判所への審判申立てが全ての事例において必要というわけではありません。むしろ、報酬についての合意ができた場合には、相続人等の同意を得た上で、相続財産から報酬額を控除するという方法が実務上の通常の取扱いであると思われます。

3 遺言執行者の報酬受領時期

なお、遺言執行者が報酬を受領できる時期については、民法1018条2項が同法648条2項本文を準用しており、事務を終了した後でなければこれを請求することができないものとされています。

この問題については、東京高裁平成24年6月1日判決（平24（ラ）712）が、遺言執行者の報酬が包括遺贈開始の時に遺言者の有する遺産総額の1.5％と定められた遺言公正証書がある場合で、遺言執行者が受遺者らの承諾を得ずに遺言執行業務の途中に上記範囲内の報酬を受領したという事案において、これが遺言執行者の解任事由に当たるとしました。

同判決は、「遺言執行者の報酬は、事務を終了した後でなければこれを請求することができない（民法1018条2項、648条2項本文）のが原則であるから、遺言執行者の遺言執行業務の途中で報酬を取得するためには、相続人等の承諾を得ることを要すると解される」と述べ、報酬

受領について相続人等に対し事前の説明もせず、承諾を得ることもせずに報酬額を自ら決定し、これを取得したという遺言執行者につき、遺言の執行に尽力していたことなどの事情を考慮したとしても、解任事由があるものと認めています。

もちろん、相続人等の承諾があれば、遺言執行業務の途中に報酬を受領するということも可能でしょうから、必要な場合には相続人等から承諾を得てリスクを回避することが肝要でしょう。

なお、近時の民法改正により、受任者の報酬の支払時期を定める改正民法（債権法）648条の2において、事務処理の成果が物の引渡しを要しないときは、成果が完成した後に報酬を請求することができる旨の規定が設けられましたが、ここにおいても、事務終了前の委任者の報酬受領権が認められているというわけではないことに注意が必要です。

4　報酬についての合意ができなかった場合

また、遺言執行者の報酬について、遺言書にその定めがなく、かつ相続人等との合意もできなかった場合には、遺言執行者が家庭裁判所に対して報酬付与の審判申立てをせざるを得ないことになりますが、報酬付与審判についての即時抗告は認められていないことには注意が必要です（家事審判法14条につき、このことを確認した判例として、東京高裁平成16年5月7日決定（家月57・1・127）があります。これを引き継いだ家事事件手続法85条1項も同様です。）。

（小林　寛治）

【40】 生前贈与後に遺言を作成する場合の落とし穴

　Aは、長男Bに対し居宅用土地を取得するための現金3,000万円を贈与した上、残りの財産を均等に分け、B、長女C、二男Dに対して、預貯金等の財産を1,000万円ずつ残してやりたいと考え、遺言をしようと考えている。遺言書中にBに贈与した金額を記載する必要はあるか。

POINT	・将来遺留分減殺請求されない遺言書を作成せよ ・特別受益に当たる贈与は、遺言書に目的物価額や贈与金額を明示しておけ

誤認例	Aは、遺言書中に、Bに土地取得資金を援助した旨及び持戻し免除の意思表示を記載しておけばよく、贈与した金額を記載する必要はない。

本当は	Aは、本件生前贈与が遺留分を侵害していないことを示すため、遺言書中に、土地取得のため贈与した現金の額も記載しておくべきである。Aの死亡後に遺留分減殺請求がなされることがないよう留意するべきである。

解　説

1　円滑な遺言執行を見据えた遺言書の作成
　遺言者には、将来、遺留分減殺請求権の行使により遺言執行が阻害

されることのないような遺言書の作成が望まれます。

2 遺留分算定の基礎となる特別受益としての贈与

本事例で、AからBへの生前贈与がなされており、これは「生計の資本としての贈与」（民903①）に当たり、特別受益としての贈与であり、遺留分算定の基礎となる財産に算入されることになります（民1029①・1044、改正民（相続）1043①・1044〔1年以内施行〕）。

すなわち、特別受益としての贈与は、特段の事情のない限り、相続開始前1年間であるか否かを問わず、また損害を加えることの認識の有無を問わず（つまり民法1030条の要件を満たさなくても）、全て遺留分算定の基礎に算入されます（最判平10・3・24民集52・2・433）。

これに対して改正民法（相続法）1044条3項〔1年以内施行〕では次のとおり定められ、特別受益としての贈与について、遺留分算定の基礎として算入される場合が限定されています。すなわち、相続人に対する贈与については「相続開始前の10年間にしたものに限り」「生計の資本として受けた贈与の価額」を遺留分を算定するための財産の価額に算入するものとされています。

また、持戻し免除の意思表示がある場合には、当該贈与は、遺留分算定の基礎となる財産に算入されます（最決平24・1・26判時2148・61）。この点は、改正民法（相続法）〔1年以内施行〕でも同様に解されると思われます。

3 遺留分減殺請求回避のための贈与の目的物価額の明示

遺留分減殺請求権行使により遺言執行が滞る事態は避けるべきです。

上述のとおり、本事例では、特別受益としての贈与があるものとして、Aの死亡後、遺留分減殺請求権が行使される可能性があります。

第3章　遺言書　　　109

　そうすると、Ａ本来の意思は、自分の死亡後速やかに、遺言執行により B、C、Dに権利取得させることにあったのに、それが実現できない事態になってしまいます。そこで、これを防ぐため、特別受益としての贈与については、その目的物価額や贈与金額を明示し、当該贈与が遺留分を侵害していないことを示しておくことが賢明と思われます。

　また、金銭の生前贈与の場合には、時期・金額・使途を明示することで、他の相続人等の受贈者に対する疑心暗鬼や不安を解き、円滑な遺言執行を図る意味があると考えます。

　　　　　　　　　　　　　　　　　　　　　　　　（川合　清文）

【41】 不動産の特定が不十分で登記できない場合はどうするか？

　相続人は長女と二女の二人だが、被相続人である母の遺言に「この大阪の倉庫は二女に相続させる」と記載されていたので、遺言書検認後、二女が単独で相続を原因として所有権移転登記申請したところ、遺言の目的物件が特定不十分との理由により登記申請が拒否された。
　二女は、登記を備えるためにどのような訴訟をすべきか。

POINT
・被相続人名義の倉庫及び敷地につき相続を原因とする所有権移転登記を求める際の訴えの種類は、所有権移転登記手続請求か所有権確認請求か

誤認例　二女としては、長女を被告として、被相続人名義の倉庫及び敷地につき、相続を原因とする所有権移転登記手続を求める訴えを提起する。

本当は　二女としては、長女を被告として、被相続人名義の倉庫及び敷地について所有権確認の訴えを提起する。

解　説

　特定の物件を特定の相続人に対して相続させる旨の遺言ではあるも

のの、物件の特定が不十分等の理由により、登記申請が拒否された場合、登記拒否処分が不当である場合には、登記拒否処分取消しの訴えを提起すべきですが、登記拒否処分がやむを得ないあるいは取消訴訟で勝訴する見込みがない場合は、受益の相続人は登記を備えるためにどのような法的手続をすべきでしょうか。既に法定相続分による相続登記がなされている場合には、真正な登記名義の回復を原因とする持分移転登記請求をなし得ますが、被相続人名義に留まっている場合に、受益の相続人以外の相続人に対して、所有権移転登記手続を求めるべきか、所有権確認を求めるべきか、問題となります。

　相続させる旨の遺言書において、対象物件の特定が十分であれば、受益の相続人が単独申請により相続を原因とする所有権移転登記手続をすべきところですから（不動産登記法63②）、判決主文により登記手続を命ずる形式の移転登記手続請求訴訟によっては受益の相続人名義への相続登記は実現し得ないと解すべき筋合いとなります。

　したがって、「登記申請を拒否された場合、遺言通りの内容で所有権移転登記を受けたい者（二女と同じ立場の者）が提起すべき訴訟類型」については、登記拒否処分が不当である場合には登記拒否処分取消訴訟を提起すべきですが、当該登記拒否処分がやむを得ないあるいは取消訴訟で勝訴する見込みがない場合は、受益の相続人としては、他の相続人に対して、所有権確認訴訟を提起するのが相当という結論となります。

《参考となる判例》

○「土地建物所有権移転登記請求事件」との事件名の訴訟において全部認容判決であるにもかかわらず、判決主文が「所有権を有することを確認する」とされた事例（東京地判平15・1・20（平14（ワ）12030））

第3章 遺言書

《参考となる文献》

・田村洋三＝小圷眞史編著『実務相続関係訴訟〔補訂版〕』235頁（日本加除出版、2017）
・中垣治夫「相続及び遺言の登記手続をめぐる若干の問題点について」民事月報48巻4号35頁
・後藤浩平ほか著『不動産登記の実務相談事例集』90頁（日本加除出版、2014）
・「カウンター相談(26)」登記研究537号151頁
・中井一士「遺言による相続登記の諸問題（第四回）」登記インターネット4巻12号11頁
・青木登『登記官からみた相続登記のポイント』140頁（新日本法規出版、2014）

（藤井　伸介）

第 4 章

遺言執行

114

第4章　遺言執行　　　　　　　　115

【42】 相続人の処分権限が制限される旨記載した就職通知を出すべきなのか？

　遺言執行者に選任されたが、相続人に対して遺言執行者に就職する旨の通知書を送付しなかったところ、相続人が勝手に遺産を処分した。遺言執行者は相続人に対し、相続人の処分権限が制限される旨記載した就職通知を発送しなくてはならなかったのか。

| POINT | ・遺言執行者は相続人に就職通知を発送すべきか否か
・遺言執行者が就職通知を発送しない間に相続人が勝手に遺産を処分した場合、遺言執行者が責任を問われることはないのか |

| 誤認例 | 明文上、遺言執行者が相続人に対して就職通知を発送するよう定められてはいないので、就職通知を発送しなくてよい。また、就職通知を発送しない間に、相続人が勝手に遺産を処分したことに対して、遺言執行者は何らの責任も負わない。 |

| 本当は | 明文になくても、相続人による遺言執行者の職務妨害行為を回避すべく就職通知を発送すべきである。さらに相続人が勝手に遺産を処分したことに関して、遺言執行者の作為・不作為が任務懈怠と評価されるリスクが存在することから、就職通知には「相続人は相続財産の処分その他遺言の執行を妨げるべき行為をすることができな |

い」旨を記載すべきである。

そのほか、改正民法（相続法）〔1年以内施行〕においては、遺言の内容も明記しなければならない（改正民（相続）1007②〔1年以内施行〕）。

解　説

遺言執行者による相続人に対する就職通知について、民法は明文の規定を置いていません。

しかしながら、改正民法（相続法）〔1年以内施行〕で、1007条2項として、「遺言執行者は、その任務を開始したときは、遅滞なく、遺言の内容を相続人に通知しなければならない」との規定が新設されました。

そこで、就職通知を長期間発送しなかった等の不作為が、遺言執行者の任務懈怠と評価されるリスクは存在します（遺言執行者が遺言執行に必要な合理的期間を超えて任務を懈怠した場合には、遺言執行者は就職を拒絶したものと法的に同視して、民法1013条の規定が排除されるとした事例として、仙台高判平15・12・24判タ1153・243）。

さらには、遺言執行者がある場合であっても、民法1013条の規定に優先して民法478条が適用されるとした判例（遺言執行者が指定され、その遺言内容からは相続人が預金を取得し得ない遺言書がある場合において、その相続人に対する銀行の預金払戻しにつき民法478条の適用があるとされた事例として、最判昭43・12・20判時546・66）が存在することから、一方の相続人が行った処分行為によって、他方の相続人に損害が発生することが観念し得ます。

さらに、改正民法（相続法）〔1年以内施行〕で、1013条2項として、善意の第三者を保護する規定が新設されたことにも留意する必要があ

第4章　遺言執行　　　117

ります。

　そこで、遺言執行者は、相続人による遺言執行者の職務妨害行為の回避及び遺言執行の対象となる財産の現状を固定すべく、遺言執行者への就職を決意したら、直ちに相続人に対して就職通知を発送すべきでしょう。

　就職通知には、次の内容を記載するとよいでしょう。

① 　被相続人死亡の事実

② 　遺言の種類・存在

③ 　遺言書の内容及びその対象財産

④ 　遺言執行者の就職意思

⑤ 　遺言執行者の権限及び職務内容についての説明

⑥ 　対象財産に関する相続人の処分権限について（民1013）の説明（判例によれば、遺言執行者がある場合になした相続人の処分行為は絶対的無効です（最判昭62・4・23判タ639・116)。）

⑦ 　遺言執行の費用・遺言執行の報酬など

＜参　考＞

遺言執行者への就職のご通知

平成○年○月○日

○○　○○　殿

弁護士　○○　○○

　当職は、故○○○○（死亡年月日　平成○年○月○日）より、平成○年○月○日付け公正証書遺言により指定を受け、遺言執行者へ就職いたしました。

　故○○○○氏の遺言の実現に必要な一切の行為は遺言執行者が行います。また、相続人の皆様は相続財産の処分及びその他遺言の執行を妨げ

る行為を行うことはできません（民法1013条）。

　なお、遺言書の内容及びその対象財産は別紙のとおりです。

　最後に、遺言執行に関する費用は相続財産にご負担いただきます（民法1021条）。

　また、遺言執行者の報酬については、上記平成〇年〇月〇日付け公正証書遺言にて定められておりますのでご留意ください。

別紙　（略）

（髭野　淳平）

第４章　遺言執行　　119

【43】 遺留分減殺請求がされている場合であっても、遺言書の記載に従い遺留分を無視して執行してよいか？

　公正証書遺言に「長女Ａには、遺留分を超える十分な生前贈与をしてあるから、Ａには何ら相続させない。Ａには、遺留分減殺請求をしないようお願いする。」と記載されてはいるが、その生前贈与の具体的な事実関係や贈与額が明らかにされていない事案について、Ａから遺言執行者に対しても遺留分減殺請求がなされていた場合において、遺言執行者は、Ａの遺留分を無視して遺言執行を完了してよいか。

| POINT | ・遺留分減殺請求権の法的性質につき物権的効果を生ずるか否かによって、執行の可否が変わる |

| 誤認例 | 遺言書自体に「遺留分を超える十分な生前贈与をしてあるから、」と記載されているので、遺言執行者としては、遺留分権利者Ａの主張を無視して執行を完了して差し支えない。 |

　(改正民法（相続法）〔1年以内施行〕により逆転)

| 本当は | 遺留分を侵害する範囲においては遺言が効力を失うのであって、遺留分権利者Ａの主張を無視して遺言執行を完了させてしまうと、当該遺言執行行為自体が遺留分侵害行為となり、損害賠償請求の対象となり得るので、Ａの承諾を得た上で、執行を完了すべきである。 |

第4章　遺言執行

> ### 解　説

1　改正民法（相続法）〔1年以内施行〕施行前の遺留分減殺請求権行使の法的効果

遺留分減殺請求権行使の法的効果については、「遺留分権利者の減殺請求により贈与又は遺贈は遺留分を侵害する限度において失効し、受贈者又は受遺者が取得した権利は右の限度で当然に減殺請求をした遺留分権利者に帰属するものと解するのが相当であつて（最高裁昭和33年（オ）第502号同35年7月19日第三小法廷判決・民集14巻9号1779頁、最高裁昭和40年（オ）第1084号同41年7月14日第一小法廷判決・民集20巻6号1183頁、最高裁昭和42年（オ）第1465号同44年1月28日第三小法廷判決・裁判集民事94号15頁参照）、侵害された遺留分の回復方法としては贈与又は遺贈の目的物を返還すべきものである」とするのが最高裁判例です（最判昭51・8・30民集30・7・768）。

遺留分権利者の権利は遺言者の意思に優越するのであり、遺留分の減殺請求が適法にされた以上、その権利は当然に保護されるべきものであるから、遺言執行者としても、遺留分権利者の権利に配慮してその職務を遂行しなければならず、遺留分減殺請求権が行使されたにもかかわらず、遺留分権利者の意向を無視して遺言執行を強行すると、遺言執行行為自体が遺留分侵害行為となると指摘した裁判例があります（東京高決平19・10・23家月60・10・61）。

したがって、遺言執行者としては、遺留分権利者の意向を無視して遺言執行を遂行すべきではなく、遺留分権利者の承諾を得て、執行を完了すべきです。

2　遺留分侵害の範囲の確定

なお、遺留分侵害の範囲を確定するには、生前贈与の具体的な内容・

金額などを調査する必要があります。遺言書に「長女Ａには、遺留分を超える十分な生前贈与をしてある」と記載されていたとしても、特別受益と評価されない生前贈与もあり得ますし、遺言者の認識が間違っていることも考えられます。

しかも、「遺留分権利者の権利は遺言者の意思に優越する」わけですから、遺言者の認識した内容により遺留分の範囲が確定されるわけではなく、遺留分の範囲は、最終的には遺留分減殺請求訴訟において確定されます。

そうすると、遺言執行者としては、遺留分を巡る紛争を解決するために種々の配慮をすることは差し支えないとしても、生前贈与などについて強制調査権を有するわけでもなく、当事者間の紛争につき裁定する権限もありませんので、遺留分権利者の承諾を得ない限り、遺言執行を強行することはできず、遺留分減殺請求訴訟の結果を待たざるを得ません。

3　遺言者が遺留分権利者の権利行使を回避する方法

翻って検討すると、遺言者が遺留分権利者の権利行使を回避するためには、遺留分権利者に対する特別受益となり得る生前贈与については、その具体的内容及び金額を遺言書に明示しておくに留まらず、その生前贈与の事実を立証し得る資料を確保し、受遺者又は受益の相続人あるいは指定遺言執行者に保存を委ねておくのが賢明といえます。

4　改正民法（相続法）〔1年以内施行〕の影響

改正民法（相続法）〔1年以内施行〕1046条には、「遺留分権利者及びその承継人は、受遺者（特定財産承継遺産により財産を承継し又は相続分の指定を受けた相続人を含む。以下この章において同じ。）又は受贈者に対し、遺留分侵害額に相当する金銭の支払を請求することが

できる」と規定し、遺留分減殺請求権が金銭債権にすぎないことを明らかにしました。したがって、前述の最高裁判決により物権的効力を有するとされた解釈が否定されました。よって遺言執行者としては、改正民法（相続法）〔1年以内施行〕施行後に発生した相続に関する遺言については、仮に遺留分減殺請求の意思表示がされていても、遺言執行を完了して差し支えないこととなります。

（藤井伸介・古家野彰平）

【44】 遺言執行者が葬儀費用を相続財産から支出してよいのか？

　被相続人Ａの遺言執行者として指定された弁護士Ｂが、Ａの葬儀費用を相続財産から支出した。遺言執行者が葬儀費用を相続財産から支出することは許されるか。

POINT	・遺言執行者の権限が及ぶ範囲は、遺言の執行に関する事項であるところ、葬儀費用の支出は、同人の生前債務の弁済とも、遺言執行の費用ともいえず、相続財産から葬儀費用を支出することは、理論上は困難である ・意見の対立が予想されるような場合には、葬儀費用の額や、その精算方法について事前に相続人等と協議し、同意を受けておくなどの対応が必要

誤認例	被相続人Ａの葬儀費用は、同人の債務の弁済ないし遺言執行の費用として、遺言執行者であるＢが相続財産から支出することは許される。

本当は	被相続人Ａの葬儀費用は、同人の生前債務の弁済とも、遺言執行の費用ともいえず、相続財産から支出することは、当然には認められない。

124　　　　　　　第4章　遺言執行

解　説

1　遺言執行者の権限・遺言執行費用

　遺言執行者の権限は、遺言の執行に関する事項です（民1012）。そして、遺言の内容が「全ての財産を遺贈する」といった包括遺贈である場合については、被相続人の債務の弁済もこれに含まれるものと考えられます。したがって、当該支出が被相続人の債務の弁済に当たる場合には、その支出を相続財産から控除することが認められます。例えば、被相続人の生前の未払の家賃や光熱費、入院費用などはこれに含まれるものといえるでしょう。

　また、遺言執行費用については、民法1021条本文が「遺言の執行に関する費用は、相続財産の負担とする」ものと定めています。その結果、遺言執行者の権限内に属する行為について生じた費用については、遺言執行者が、預金の払戻し等を受け、既に自己の管理下に置いた相続財産から控除することが認められているのです。例えば、財産目録作成の費用（民1011①）や相続財産管理の費用（民1012①）のほか、不動産の登記名義の変更に要する費用などが典型的な例です。

2　被相続人の葬儀費用を遺言執行者が相続財産から支出した場合

　では、被相続人の葬儀費用を遺言執行者が相続財産から支出した場合、これを被相続人の債務の弁済として、あるいは遺言執行費用の支出として、相続財産から控除することは当然に認められるのでしょうか。

　この点、まず被相続人の債務の弁済として、葬儀費用を遺言執行者が支出することはできないものと考えられます。なぜなら、被相続人の葬儀・法要に関する費用は、相続開始後に生じたものですので、被

相続人の債務には当たらないものだからです。

　また、被相続人の葬儀費用を遺言執行費用として精算することもできないと考えられます。被相続人の葬儀・法要を実施することは、上で述べた財産目録の作成や相続財産の管理などのように、当然に遺言の執行に関わるという事柄ではなく、遺言執行者の権限内の行為とはいえないからです。

3　東京地裁平成22年1月26日判決

　この問題につき、東京地裁平成22年1月26日判決（平21（ワ）11769）も、被相続人Ａから包括遺贈を受けた原告らが、遺言執行者である被告に対し、被告が遺言執行者として受領した金銭の引渡しを求めたという事案において、「葬儀、法要に関する費用は、相続開始後に生じたものであるから、Ａの債務には当たらず、本件遺言とも関係がないから、その支出について遺言執行者の権限内の行為と認めることはできない」として、原告らに引き渡すべき相続財産から葬儀費用等を控除することを認めませんでした（なお、この判例では、相続税の申告費用についても、同様に遺言執行者の権限外の行為として、相続財産からの控除が認められませんでした。）。

4　注意点

　このように、遺言執行者が被相続人の葬儀費用を支出しても、当然に相続財産から控除できるわけではないということには注意が必要です。

　もっとも、遺言書の中には、被相続人が希望する葬儀の内容や、葬儀費用を相続財産から支出すべき旨が記載されているような場合もあります。そのような場合には、負担付遺贈と同様、遺言による相続財産の処分の一つと考えて、遺言執行者の職務権限に属する行為である

と解釈する余地はあるものと思われます（死後事務委任契約と解釈する等。詳細は【76】参照。）。

　また、遺言書の中に葬儀に関する事項が記載されていなかった場合であっても、遺言執行者の職務権限とは無関係に、相続人との関係で事務管理が発生し、費用償還請求を求め得るという考え方もできるかもしれません。しかし、このような場合にも、葬儀費用の多寡によって相続人との間で意見が対立する可能性はありますし、そもそも相続財産の引渡先と葬儀費用を負担すべき者が必ず一致するというわけでもありません。

　いずれにせよ、意見の対立が予想されるような場合には、葬儀費用の額や、その精算方法について事前に相続人等と協議し、同意を受けておくことが肝要です。

（小林　寛治）

第4章　遺言執行

【45】 遺言執行者の提起した訴訟が遺言無効で却下された場合の訴訟費用は誰が負担するか？

被相続人Aの遺言によって遺言執行者として指定された弁護士Bが、遺言執行の一環として民事訴訟を提起したが、結果的にその裁判は遺言無効を理由に却下されてしまった。この場合の訴訟費用は、遺言執行費用として精算することができるか。

POINT
- 遺言無効を理由に訴え却下がされた場合には、無権代理行為として遺言執行者個人が訴訟費用を負担することになる
- 遺言無効のリスクが予想されるような場合には、事前に相続人等と協議し、無権代理行為と評価された場合の最終的な費用負担者を定めておくこと等が必要となる

誤認例
結果的に遺言の無効を理由として訴えが却下されてしまったが、これは遺言執行者として提起したものであるから、訴訟費用は、遺言執行費用として精算が可能である。

本当は
遺言は無効なのであるから、遺言執行費用として精算することはできず、訴訟費用は遺言執行者が負担すべきものと考えられる。

解　説

1　遺言執行者の権限

　遺言執行者の権限は、遺言の執行に関する事項です（民1012）。また、遺言執行費用については、民法1021条本文が「遺言の執行に関する費用は、相続財産の負担とする」ものと定めています。

　その結果、遺言執行者の権限内に属する行為について生じた費用については、遺言執行者が、預金の払戻し等を受け、既に自己の管理下に置いた相続財産から控除することが認められているのです。

　例えば、財産目録作成の費用（民1011①）や相続財産管理の費用（民1012①）が典型的な例ですが、「遺言執行者は、相続財産の管理その他遺言の執行に必要な一切の行為をする権利義務を有する」と定められていることから、相続財産に関する訴訟の費用もこれに含まれるものとされています。

2　遺言執行者の相続財産に関する訴えが却下された場合

　では、遺言執行者が相続財産に関する訴訟を提起したにもかかわらず、結果的に、当該遺言が無効であったということを理由に訴えが却下された場合、その訴訟の費用を遺言執行費用として精算することはできるのでしょうか。

　この問題につき、長野地裁昭和36年12月27日判決（下民12・12・3236）は、「遺言執行者は自己の名において訴訟行為をなす者であるが、その効果が相続人に帰属する（民法第1015条参照）点においては他人の代理人として訴訟行為をなす者と同一であるから、民事訴訟法第99条、第98条第2項を類推適用」（ただし、旧民事訴訟法。新法では70条・69条2項）するとして、訴訟費用は訴えを提起した遺言執行者個人に負担させるものと判断しています。

3　注意点

　このように、遺言執行者が相続財産に関する訴訟を提起しても、遺言自体が無効であるということを理由に訴え却下がされた場合には、無権代理行為として遺言執行者個人が訴訟費用を負担することになるという点に注意が必要です。

　また、この話を敷衍すれば、遺言無効を理由に遺言執行者たる地位が否定された場合には、それまでに行っていた遺言執行に関する費用支出全般が無権代理行為と解釈される余地があります。

　このようなリスクが予想されるような場合には、事前に相続人等と協議し、無権代理行為と評価された場合の最終的な費用負担者を定めておくこと等が必要です。

（小林　寛治）

第4章 遺言執行

【46】 遺言執行者は、遺留分のない相続人に対しても相続財産目録等の交付義務を負うのか？

Ａは、既に夫と死別し、子もいなかったため、知人Ｂを遺言執行者に指定し、相続財産の全部を現金に換えて晩年お世話になった社会福祉法人Ｃに遺贈する旨の公正証書遺言を作成した。Ａが死亡し、Ｂが遺言執行者に就任した。ＢはＡの法定相続人には甥のＤがいることを知っていたが、Ｄには遺留分がないことから連絡する必要はないと考え、Ｄに何らの連絡もしないまま、Ａの自宅土地・建物を第三者Ｅに売却するなど相続財産の換価を進めた。

そうしたところ、Ｄは、自分の知らない間にＢが遺言執行者としてＡの生前の自宅をＥに売却したことを知り、Ｂに対し、Ａの遺言の詳細な内容についての説明や、相続財産目録の交付、遺言執行の状況についての報告などを求めてきている。ＢはＤの要求に応じる必要があるか。

POINT
・遺言執行者は、相続財産目録の交付義務、遺言執行状況の報告義務を負う
・遺言執行者は、遺留分を有しない相続人に対してもこれらの義務を負う
・遺言執行の余地がない場合にはこれらの義務を負わないとした審判例もある

誤認例
相続財産を全てＣに遺贈する旨の遺言の遺言執行者に就職したＢは、遺留分のない相続人Ｄに対しては、相続財産目録の交付や遺言執行状況の報告をする義務を負わない。

第4章 遺言執行　　131

| 本当は | Bは、遺留分のない相続人Dに対しても、相続財産目録の交付や遺言執行状況の報告をする義務を負い、これを怠ると損害賠償責任を負うおそれもある。 |

解　説

　遺言執行者は、遅滞なく、相続財産の目録を作成して、相続人に交付しなければなりません（民1011①）。相続人の請求があるときは、その立会いをもって相続財産の目録を作成し、又は公証人にこれを作成させなければなりません（民1011②）。

　また、遺言執行者は、相続人から要求があったときは、いつでも遺言執行の状況を報告しなければなりません（民1012②（改正民（相続）1012③〔1年以内施行〕）・645）。

　もっとも、本事例の遺言は、相続財産を全て社会福祉法人Cに遺贈するという内容であり、Dには遺留分（民1028、改正民（相続）1042〔1年以内施行〕）もないことから、DはAの相続財産を取得し得る地位になく、相続財産目録の交付や遺言執行状況の報告を受ける利益がないようにも思えます。そこで、遺言執行者は、遺留分がなく相続財産を取得しない相続人に対しても、相続財産目録作成・交付義務や報告義務を負うか否かが問題となります。

　この点につき、東京地裁平成19年12月3日判決（判タ1261・249）は、「現行民法によれば、遺言執行者は、遺言者の相続人の代理人とされており（民法1015条）、遅滞なく相続財産の目録を作成して相続人に交付しなければならないとされている（民法1011条1項）ほか、善管注意義務に基づき遺言執行の状況及び結果について報告しなければならな

いとされている（民法1012条2項、同法645条）のであって、このこと
は、相続人が遺留分を有するか否かによって特に区別が設けられてい
るわけではないから、遺言執行者の相続人に対するこれらの義務は、
相続人が遺留分を有する者であるか否か、遺贈が個別の財産を贈与す
るものであるか、全財産を包括的に遺贈するものであるか否かにかか
わらず、等しく適用されるものと解するのが相当である。しかも、相
続財産全部の包括遺贈が真実であれば、遺留分が認められていない法
定相続人は相続に関するすべての権利を喪失するのであるから、その
ような包括遺贈の成否等について直接確認する法的利益があるという
べきである。したがって、遺言執行者は、遺留分が認められていない
相続人に対しても、遅滞なく被相続人に関する相続財産の目録を作成
してこれを交付するとともに、遺言執行者としての善管注意義務に基
づき、遺言執行の状況について適宜説明や報告をすべき義務を負うと
いうべきである。」と判示しています。東京地裁平成24年3月9日判決
（平23（ワ）7048・平23（ワ）21309・平23（ワ）21310）もほぼ同様に判示し
ており、また、学説上も支持されているので（中川善之助＝加藤永一編『新
版注釈民法(28)〔補訂版〕』329頁〔泉久雄〕(有斐閣、2002)）、遺言執行者は遺
留分がなく相続財産を取得しない相続人に対しても相続財産目録作
成・交付義務や遺言執行状況についての報告義務を負うという結論は、
実務上ほぼ確立されたものといえます。

　ただし、全遺産を特定の相続人に「相続させる」旨の遺言により、
遺産である不動産の移転登記手続及び全財産の引渡しが終了してい
て、遺言の執行をなすべきものがない場合には、遺言執行者は財産目
録の作成義務や管理状況の報告義務を負わないものとした審判例もあ
ります（名古屋家審平7・10・3家月48・11・78）。

　本事例でも、Dに遺留分がなく何らの財産も取得しないからといっ
て、遺言執行者BはDに対する相続財産目録作成・交付義務（民1011）

第4章　遺言執行　　133

や報告義務（民1012②（改正民（相続）1012③〔1年以内施行〕）・645）を免れ
ず、Ｂがこれらの義務を怠った場合には、債務不履行による損害賠償
責任を追及される可能性があります。

《参考となる判例》

○包括遺贈の遺言執行者とその補助者が法定相続人に対して相続財産目録
　を遅滞なく交付しなかったこと、事前に通知をしないまま遺産の不動産
　を処分したことなどが違法であるとして、法定相続人から遺言執行者等
　に対する損害賠償請求が認容された事例（東京地判平19・12・3判タ1261・249）

○原告らが、亡Ａの公正証書遺言に基づく被告Y₁への亡Ａ所有土地の所有
　権移転登記について、同公正証書に存在する亡Ａの署名は偽造であり、
　遺言は無効であるから、原告らは本件土地につき共有持分権を取得した
　として、Y₁に移転登記手続を求めるとともに、被告Y₂は、本件遺言の遺言
　執行者としての義務に違反したなどとして、Y₂に債務不履行に基づく損
　害賠償を求めた事案において、本件公正証書にある亡Ａ名義の署名が亡
　Ａ以外の者によってなされた証拠はないが、遺言執行者に就任したY₂は、
　遺言執行終了後遅滞なく遺言執行の経過及び結果を報告する義務を怠っ
　たとして、原告らの賠償請求を一部認容した事例（東京地判平24・3・9（平23
　（ワ）7048））

○遺言執行者に就任した弁護士が、外見上の受遺者に対し、遺言書が効力
　を有しないことを告げ、遺産に対する権利行使の機会を失することのな
　いようにすべき注意義務を怠ったとして、遺言執行者に対し損害賠償の
　支払を命じた事例（東京地判昭61・1・28判タ623・129）

○遺言執行者が、遺言執行状況を報告の対象とした弁護士法23条の2に基づ
　く照会に対して、守秘義務を理由に報告を拒否したことにつき、正当な
　理由がなく違法であるとし、弁護士法23条の2に基づく照会を申し出た弁
　護士の依頼者の遺言執行者に対する損害賠償請求が認容された事例（京都
　地判平19・1・24判タ1238・325）

○遺言者の相続人のうちの一人である原告が、遺言執行者であった被告に
　対し、被告は相続財産目録の作成を意図的に遅延させるとともに同目録
　に虚偽記載をしたなどと主張して、損害賠償を求めた事案において、被

告が遺言執行者に選任されてから約5年近くの間、遺産目録を作成しなかったのは、遅滞なく相続財産の目録を調整して相続人に交付すべきという遺言執行者としての任務を懈怠したものであるから、遅くとも選任後3年を経過した時点で遺言者の財産目録を作成していないこと自体につき、不法行為が成立するとして、請求を一部認容した事例（東京地判平23・9・16（平22（ワ）24662））

（田村　義史）

第4章　遺言執行

【47】 遺言の無効を主張する相続人がある場合、遺言執行者はどう処理するのか？

　被相続人Aは生前Bを遺言執行者に指定する旨の公正証書遺言をしており、Aが死亡後、Bが遺言執行者に就任し遺言執行に着手しようとしている。ところが、相続人Cは、Aが遺言をした当時、Aには遺言を行うだけの判断能力がなかったと主張している。Bは、遺言執行を進めてもよいか。

| POINT | ・遺言の有効性の検討は遺言執行者の義務か
・遺言能力の検討のため遺言執行者がするべき調査は何か
・遺言の無効を主張する相続人がある場合に遺言執行者は執行義務を免れられないか |

| 誤認例 | Cが遺言無効確認訴訟を起こし認容する確定判決を取得したり、同訴訟を本案とする遺言執行者の職務執行停止・職務代行者選任の仮処分を取得しない限り、Bには遺言執行を止める理由がなく、Bは遺言執行を進めてもよい。 |

| 本当は | Bは、遺言執行者の任務として遺言の有効性を検討しなければならず、Cの主張を裏付ける証拠の有無・評価について調査を尽くした上、遺言を無効と判断するときは、執行を中止するべきである。 |

他方、Bは、調査を尽くし遺言を有効と判断するときでも、Cが起こす遺言無効確認訴訟による判決で有効性が確定されるのを待ち執行するのが相当である。ただし、Cが合理的な期間内に提訴しないときは、Bは、同期間経過後、執行又は供託するのが相当である。

解　説

1　遺言執行者が就任時に、自らの任務として遺言の有効性を検討すべき義務

　遺言執行者は、就任と同時に、被相続人の遺言能力など遺言の有効性を検討しなければなりません。これは、遺言執行者が負う善管注意義務（民644・1012②、改正民（相続）1012③〔1年以内施行〕）の内容として求められるものです。

　遺言の有効性の検討判断は、遺言執行者自ら行うべきであり、原則として相続人の指示監督を受けません。なぜなら、遺言執行者の任務は、遺言者の最終意思による処分の実現にあり、遺言者の意思及び法律の規定のみに拘束されるからです。民法で遺言執行者は相続人の代理人とみなされますが（民1015）、同規定の趣旨は、執行行為の効果が相続人に帰属するというものであり、相続人の意思により執行行為が制限されるわけではありません（中川善之助＝加藤永一編『新版注釈民法(28)〔補訂版〕』318頁〔泉久雄〕（有斐閣、2002））。

　なお、民法1015条は、改正民法（相続法）〔1年以内施行〕により、「遺言執行者は、相続人の代理人とみなす」という文言が削除され、遺言執行者の執行行為の効力が直接相続人に対して生ずる旨が明文で定められました。

2 遺言執行者が遺言能力の有無の検討に当たり行う調査

遺言執行者は、遺言をした当時の遺言者の生活状況について、相続人や受遺者など関係者から聞取りをした上、遺言者の能力に関する資料の存否の確認、存在する資料の収集・検討をするべきと考えます。

資料としては、例えば、遺言者が要介護認定を受けていた場合には、市町村等による認定調査票、主治医の意見書などがあり、老人ホームなどに入所していた場合は、入所者の利用記録・療養記録、施設サービス計画書などがあり、病院に入院していた場合には診療記録などがあります。療養記録などの中に、改訂　長谷川式簡易知能評価スケール（HDS－R）の記録が含まれていることがあり、参考になります。

なお、医療機関や介護関係事業者の扱う個人情報に関しては、厚生労働省等により指針等が定められ、「医療従事者等は、患者が死亡した際には遅滞なく、遺族に対して、死亡に至るまでの診療経過、死亡原因等についての診療情報を提供しなければならない。」とされています（平15・9・12医政発0912001）。上記の指針等の概要については、《**参考となる資料**》記載のとおりです。

3 遺言の有効性をめぐり、遺言執行者の見解が、相続人や受遺者等の意見と対立したときの対応

(1) 遺言執行者が遺言を無効と判断したとき

遺言執行者が遺言の有効性を検討し無効と判断した場合には、執行を中止すべきです。例えば、遺言執行者が、無効な遺贈を執行した場合には、善管注意義務の懈怠により相続人に対して損害賠償責任を負わなければなりません。

遺言執行者の見解に反し、受遺者ら利害関係人が遺言の有効を主張している場合には、受遺者らから遺言執行者に対し遺産につき権利移転を求める訴訟提起を待つのが一つの対応と考えられます。他方で、遺言執行者が原告となり遺言無効確認訴訟を提起し、これにより権利

関係を確定させることが必要な場合があります。遺言無効確認訴訟の原告適格について、大審院昭和2年9月17日決定（民集6・501）は、遺言執行者が有することを認めています。

(2)　遺言執行者が検討した結果、遺言を無効と判断する事情がないとき

この場合、遺言執行者は、執行を進めてよいと考えられます。

しかし、遺言執行者の見解に反し、相続人等が遺言の無効を主張している場合には、遺言の有効性について最終的には訴訟により決着を付けざるを得ません。相続人は、遺言執行者を被告として、遺言の無効を主張し、相続財産につき持分を有することの確認を求めることになります（最判昭31・9・18民集10・9・1160）。

上記訴訟において、仮に遺言が無効であると判断されても、遺言執行者の就任当初の有効性判断が善管注意義務を尽くしたものであれば、任務懈怠又は不法行為として責任を負うことはないでしょう。しかし、同訴訟で遺言が無効と判断されたときは、結果として、本来執行すべきではなかった遺言を執行したことになり、遺言執行者が紛争に巻き込まれる結果となります。

そこで、遺言執行者としては、遺言の有効性が確定するまで遺言執行を保留するのが相当と考えられます。ただし、この場合、受遺者から遺言執行者としての任務懈怠の責任を追及される可能性があります。したがって、遺言執行者としては、相続人及び受遺者に事情を説明し、執行保留について理解、同意を得るよう努めることが肝要です（NPO法人遺言・相続リーガルネットワーク編著『改訂　実務解説　遺言執行』54頁（日本加除出版、2012））。

なお、相続人等が遺言の無効を主張していながら遺言執行者に対し訴訟を提起しないまま経過する場合、遺言執行者は、いつまでも相続人等の訴訟提起を待ったまま執行を保留しなければならないのかとい

う問題があります。この場合、遺言執行者は相続人等に対し、上記訴訟提起をするのに合理的に必要とみられる期間内に、提訴をするか否かを確認・催告し、同期間内に相続人等から提訴がないときには、執行を進めてもよいと考えます。受遺者らに対する善管注意義務の見地からもこう考えるのが相当です。

4　職務執行停止・職務代行者選任の仮処分の申立て

　遺言を無効と主張する相続人が、遺言執行者の執行をその着手前に止めるため、遺言無効確認訴訟を本案とする、職務執行停止・職務代行者選任の仮処分の申立て（仮の地位を定める仮処分の申立て）をすることは、手段の一つとして考えられます。

　そこで、遺言執行者の対応としては、上記仮処分の申立てにより決定がなされるのを待った上、執行の着手を決めるというのが一つの考え方としてあるかもしれません。

　しかしながら、上記仮処分申立てには立担保が求められます（民事保全法14①）。遺言執行の対象である遺産の評価が高額な場合には、担保の額も相当額に及ぶことから、現実に上記仮処分の申立てがなされることは稀でしょう。したがって、遺言執行者が着手をするか否かを決めるのに、上記仮処分による決定を待つというのは現実的な対応ではありません。

5　供　託

　遺言執行者が遺言を有効と判断して預貯金の解約などの遺言執行に着手しようとしたところ、相続人の一部が、遺言の無効を主張し、銀行などの金融機関に対しその旨を通知した場合には、金融機関は、遺言執行者からの預貯金解約払戻請求には応じず、権利者不確知を理由に供託をすることがあります。

140　　　第4章　遺言執行

　　また、遺言執行者が預貯金の解約や株式の売却などの遺言執行をする途中で、相続人の一部から遺言の無効を主張された場合には、解約金や売却代金を受贈者等に分配してしまう前に、これらを権利者不確知を理由に供託することが考えられます。これにより遺言執行者としての責任を免れるわけです。

《参考となる資料》

○医療・介護関係事業者における個人情報の適切な取扱いのためのガイダンス（平29・4・14個情534・医政発0414第6・薬生発0414第1・老発0414第1）

　Ⅰの8.　遺族への診療情報の提供の取扱い

　　法〔個人情報の保護に関する法律〕は、OECD8原則の趣旨を踏まえ、生存する個人の情報を適用対象とし、個人情報の目的外利用や第三者提供に当たっては本人の同意を得ることを原則としており、死者の情報は、原則として個人情報とならないことから、法及び本ガイダンスの対象とはならない。

　　しかし、患者・利用者が死亡した際に、遺族から診療経過、診療情報や介護関係の諸記録について照会が行われた場合、医療・介護関係事業者は、患者・利用者本人の生前の意思、名誉等を十分に尊重しつつ、特段の配慮が求められる。このため、患者・利用者が死亡した際の遺族に対する診療情報の提供については、「診療情報の提供等に関する指針」（「診療情報の提供等に関する指針の策定について」（平成15年9月12日医政発第0912001号））の9において定められている取扱いに従って、医療・介護関係事業者は、同指針の規定により遺族に対して診療情報・介護関係の記録の提供を行うものとする。

○「医療・介護関係事業者における個人情報の適切な取扱いのためのガイダンス」に関するQ&A（事例集）（平29・5・30事務連絡）

　Q2−7

　　死亡した個人の情報については、「個人情報」に該当せず、個人情報保護法の対象にはなりませんが、どのように取り扱うべきですか。

　A2−7

　　本ガイダンスでは、〔中略〕患者・利用者が死亡した際に、遺族に対し

て診療情報・介護関係記録を提供する場合には、厚生労働省において平成15年9月に作成した「診療情報の提供等に関する指針」の「9遺族に対する診療情報の提供」の取扱いに従って提供を行うことを求めています。

○診療情報の提供等に関する指針（平15・9・12医政発0912001）

 2 定 義

  ・「診療情報」とは、診療の過程で、患者の身体状況、病状、治療等について、医療従事者が知り得た情報をいう。

  ・「診療記録」とは、診療録、処方せん、手術記録、看護記録、検査所見記録、エックス線写真、紹介状、退院した患者に係る入院期間中の診療経過の要約その他の診療の過程で患者の身体状況、病状、治療等について作成、記録又は保存された書類、画像等の記録をいう。

  ・「診療情報の提供」とは、(1)口頭による説明、(2)説明文書の交付、(3)診療記録の開示等具体的な状況に即した適切な方法により、患者等に対して診療情報を提供することをいう。

  ・「診療記録の開示」とは、患者等の求めに応じ、診療記録を閲覧に供すること又は診療記録の写しを交付することをいう。

 9 遺族に対する診療情報の提供

  ・医療従事者等は、患者が死亡した際には遅滞なく、遺族に対して、死亡に至るまでの診療経過、死亡原因等についての診療情報を提供しなければならない。

  ・遺族に対する診療情報の提供に当たっては、7の(1)、(3)及び(4)並びに8の定めを準用する。ただし、診療記録の開示を求め得る者の範囲は、患者の配偶者、子、父母及びこれに準ずる者（これらの者に法定代理人がいる場合の法定代理人を含む。）とする。

  ・遺族に対する診療情報の提供に当たっては、患者本人の生前の意思、名誉等を十分に尊重するものとする。

〔筆者注：上記「9」で準用される「7の(1)、(3)及び(4)」並びに「8」は次のとおりです。〕

 7 診療記録の開示

  (1) 診療記録の開示に関する原則

   ・医療従事者等は、患者等が患者の診療記録の開示を求めた場合には、原則としてこれに応じなければならない。

142 第4章 遺言執行

・診療記録の開示の際、患者等が補足的な説明を求めたときは、医療従事者等は、できる限り速やかにこれに応じなければならない。この場合にあっては、担当の医師等が説明を行うことが望ましい。

(3) 診療記録の開示に関する手続

・医療機関の管理者は、以下を参考にして、診療記録の開示手続を定めなければならない。

① 診療記録の開示を求めようとする者は、医療機関の管理者が定めた方式に従って、医療機関の管理者に対して申し立てる。なお、申立ての方式は書面による申立てとすることが望ましいが、患者等の自由な申立てを阻害しないため、開示等の求めに係る申立て書面に理由欄を設けることなどにより申立ての理由の記載を要求すること、申立ての理由を尋ねることは不適切である。

② 申立人は、自己が診療記録の開示を求め得る者であることを証明する。

③ 医療機関の管理者は、担当の医師等の意見を聴いた上で、速やかに診療記録の開示をするか否か等を決定し、これを申立人に通知する。医療機関の管理者は、診療記録の開示を認める場合には、日常診療への影響を考慮して、日時、場所、方法等を指定することができる。

なお、診療記録についての開示の可否については、医療機関内に設置する検討委員会等において検討した上で決定することが望ましい。

(4) 診療記録の開示に要する費用

・医療機関の管理者は、申立人から、診療記録の開示に要する費用を徴収することができる。その費用は、実費を勘案して合理的であると認められる範囲内の額としなければならない。

8 診療情報の提供を拒み得る場合

・医療従事者等は、診療情報の提供が次に掲げる事由に該当する場合には、診療情報の提供の全部又は一部を提供しないことができる。

① 診療情報の提供が、第三者の利益を害するおそれがあるとき

② 診療情報の提供が、患者本人の心身の状況を著しく損なうお

それがあるとき

〈①に該当することが想定され得る事例〉

・患者の状況等について、家族や患者の関係者が医療従事者等に情報提供を行っている場合に、これらの者の同意を得ずに患者自身に当該情報を提供することにより、患者と家族や患者の関係者との人間関係が悪化するなど、これらの者の利益を害するおそれがある場合

〈②に該当することが想定され得る事例〉

・症状や予後、治療経過等について患者に対して十分な説明をしたとしても、患者本人に重大な心理的影響を与え、その後の治療効果等に悪影響を及ぼす場合

※個々の事例への適用については個別具体的に慎重に判断することが必要である。

・医療従事者等は、診療記録の開示の申立ての全部又は一部を拒む場合には、原則として、申立人に対して文書によりその理由を示さなければならない。また、苦情処理の体制についても併せて説明しなければならない。

（川合　清文）

【48】 遺言執行者たる弁護士は遺留分減殺請求を受ける相続人の代理人となれるのか？

A弁護士は、遺言により遺言執行者に指定され遺言執行を終了したが、同遺言により遺産を全部取得するとされた相続人Bを相手方とする遺留分減殺請求の調停事件において、相手方となったBの代理人となることはできるか。

POINT
・遺言執行終了後でも相続人の代理人となれないのか
・懲戒請求事案で最終的に非行に該当しないという結果が出れば、それでよいのか

誤認例	遺言執行が終了した場合には、当事者間での深刻な争いの存否、話合いによる解決が困難かどうかなどの具体的事情如何によっては、相続人の代理人になることができる。

本当は	弁護士法及び弁護士職務基本規程に違反すると判断される可能性があり、原則として、相続人の代理人になることを控えるべきである。

解　説

1　弁護士職務基本規程の定め

弁護士の職務に関する行為規範、倫理規範として、弁護士職務基本

第4章　遺言執行　145

規程が設けられ、同規程に抵触するか否かが、懲戒事由である「品位を失うべき非行」（弁護士法56）の存否の判断に当たり考慮されます。

2　遺言執行者に指定された弁護士が特定の相続人の代理人となった場合に関する懲戒請求の実務

（1）　弁護士職務基本規程に関するかつての解釈

弁護士職務基本規程27条1号は、弁護士が職務を行い得ない事件として「相手方の協議を受けて賛助し、又はその依頼を承諾した事件」を定めています。

この規定に関し、遺言執行者の職務の裁量の余地の存否により、場合分けをして、同規定が適用されるか否か区別する見解が示されていました（日本弁護士連合会弁護士倫理委員会編著「解説　弁護士職務基本規程」自由と正義56（2005））。

すなわち、遺言執行が終了した後、遺言執行者の職務内容が裁量の余地がない場合には、相続人である減殺請求者は「相手方」ではなく上記規定の適用を受けないとされていました。他方、執行内容に裁量の余地が認められるとき、あるいは減殺請求した相続人からその基礎となる事実の協議を受けて賛助していたときには、利益相反の余地が生じ、相続人である減殺請求者は「相手方」となり適用を受けるとされていました。

（2）　弁護士職務基本規程施行後の解釈・実務

弁護士職務基本規程の施行後、遺言執行者に就任した弁護士が、遺留分減殺請求事件等について特定の相続人の代理人となった事案で、懲戒請求を受ける例が相当数あり、弁護士会の懲戒委員会、綱紀委員会、綱紀審査会の各議決により、同規程の解釈適用に関する判断が示されました。

上記各議決によると、同規程5条、6条の要請する職務の中立性、公

正性への信頼確保を問題とするものや、利益相反を問題とするもの（この根拠として同規程27条1号違反に準じるとするもの、同条5号違反とするもの、28条2号ないし3号違反とするもの）があります。

これらの議決を踏まえた上で、遺言執行者が一部の相続人の代理人になった場合について、直ちに弁護士の非行に当たるとは判断されず、当事者の利益や遺言執行者の公正性や信頼が害されたかが実質的に判断されるべきであるとされています（日本弁護士連合会弁護士倫理委員会編著『解説　弁護士職務基本規程〔第3版〕』99頁（日本弁護士連合会、2017））。

（3）　弁護士職務基本規程改正の動き

上記(2)の各議決のとおり、根拠条文は統一的に理解されておらず、実務の指針をより明確化する見地から、弁護士職務基本規程を改正する動きがみられます。

日弁連弁護士倫理委員会では、例えば「弁護士は、遺言執行者に就いたときは、当該財産に関する他の事件につき、職務を行ってはならない。その地位を離れた以後も同様とする。」との規定を新設する旨の改正案が審議されています。

3　遺言執行者が遺言執行の終了後に一部相続人の代理人として受任できるか否か

（1）　原　則

原則否定的に考えるのが趨勢です。

なお、遺言執行が終了した後であり、かつ遺言執行者に裁量の余地がない場合であっても、当事者間での深刻な争いがあって、話合いによる解決が困難な状況においては、一部相続人の代理人としての受任を差し控えるべきであるとする見解があります（前掲『解説　弁護士職務基本規程〔第3版〕』99頁）。受任を控える事情に関し、この見解は的確な指摘をしていると考えられます。

一方で反対に、受任が可能な場合に関して、上の見解に示されたような事情、すなわち当事者間での深刻な争いや、話合いによる解決が困難な状況という事情がない場合には、受任が可能であるという理解も成り立ち得ます。

しかしながら、当事者間に深刻な争いがあるかどうか、話合いによる解決が困難かどうかについての事前の見極めは、必ずしも容易ではないといえます。当初の予測に反する事態が起こり得ることや、また、懲戒請求を受けること自体の負担（仮に最終的に非行に該当しない旨の議決が得られるとしても弁護士業務の上で余計な負担を強いられる）を考えると、当初から代理人になることは、原則として控えるのが賢明と考えられます。

(2) 議決例

比較的近時の懲戒請求案件（当該案件は懲戒しないと結論された）の議決（前掲『解説　弁護士職務基本規程〔第3版〕』97頁、98頁）では、次のとおり、遺言執行を終了した事案について、「非行」に該当する可能性を否定できないが、「具体的事案に即して実質的に判断し」、例外的に、利益相反が認められない「特段の事情がある場合」には非行に当たらないという判断がなされています。

すなわち、この議決例は、遺言執行者たる弁護士が一部の相続人の代理人になった場合は、「たとえ遺言執行行為が終了した後であっても、遺言執行者としての職務の公正を疑わしめるおそれがあるため」非行に該当する可能性があると判断しています。

一方で、「具体的事案に即して実質的に判断」する必要がある旨を指摘し、「特段の事情がある場合」には、非行に該当しないとしています。当該事案における特段の事情としては、「遺言の内容からして遺言執行者に裁量の余地がなく、遺言執行者と懲戒請求者を含む各相続人との間に実質的に見て利益相反の関係が認められない」ことが考慮されています。

4　本事例での結論

　遺言執行者に就職した弁護士は、遺言執行が終了した場合では遺言執行に裁量の余地がないように思われますが、原則として一部相続人の代理人になるのは差し控えるのが賢明であるといえます。

《参考となる判例》

○遺言執行者に指定された弁護士は、職務の中立公正の要請から、特定の相続人の代理人になることは許されないとした事例（東京高判平15・4・24判例時報1932・80）。

　同判例は、理由として、旧弁護士倫理26条2号は、弁護士が職務を行い得ない事件として、「受任している事件と利害相反する事件」を掲げているが、弁護士である遺言執行者が、当該相続財産を巡る相続人間の紛争につき特定の相続人の代理人となることは、中立的であるべき遺言執行者の任務と相反する事件を受任したもので、上記規定に違反するとした。

○遺言執行者である弁護士が、特定の相続人から依頼を受け遺言無効確認訴訟の被告代理人として受任し訴訟追行した事案について、旧弁護士倫理4条、5条の規定に違反し、弁護士法56条1項所定の「品位を失うべき非行」に該当するとした事例（東京高判平18・12・12公刊物未登載）

（川合　清文）

第 5 章

遺留分

150

【49】 遺留分減殺請求に関する手続選択の落とし穴

　亡父が、「一切の財産を長男に相続させる」という趣旨の自筆証書遺言を残していた。相続人資格者は、長男と長女である私だけだが、私にも遺留分というものがあると聞いたので、長男に遺留分に相当する財産の分配を求めたが、応じない。裁判所を利用せざるを得ないが、どの裁判所にどのような手続をとればよいのか。

POINT	・遺留分減殺請求は、調停前置主義の対象だが、必須ではない ・遺留分減殺請求調停申立書を提出しても、必ずしも減殺請求権を行使したことにはならない

誤認例	遺留分減殺請求権は、訴訟事項なので、地方裁判所へ遺留分減殺請求訴訟を提起しなければならない。

本当は	遺留分減殺請求は、確かに訴訟事項だが、家事事件手続法257条により調停前置主義が採用されており、むしろ、地方裁判所に訴えを提起する前に、家庭裁判所に対して、調停申立てを先行させるべきところである。

解　説

1　調停前置主義と遺留分減殺請求における実務の運用

　遺留分減殺に関する紛争は訴訟事項ですので、訴訟提起の際の管轄
裁判所は相続開始時における被相続人の普通裁判籍所在地の地方裁判
所又は簡易裁判所です（民訴5十四）。

　一方、遺留分減殺請求に係る事件は、被相続人の相続に関する紛争
であるため、家庭に関する事件として、家庭裁判所に対して調停を申
し立てることができます（家事244）。この遺留分減殺請求に係る調停
は、相手方の住所地の家庭裁判所に対して申立てを行わなければなり
ません。そして、家庭裁判所の調停を行うことができる事件について
は調停前置主義が採られていますので（家事257①）、遺留分減殺請求訴
訟を提起する前には、家庭裁判所に対して遺留分に関する調停を申し
立てなければなりません。

　しかし、実務上、遺留分減殺請求に関しては厳格な調停前置主義は
採られておらず、調停を経ずに直接地方裁判所又は簡易裁判所に遺留
分減殺請求訴訟を提起しても、調停を経るよう命じられることもなく
訴訟手続での審理が進められることが通例です。

　したがって、実務上は、調停手続と訴訟手続のいずれを選択するか
は当事者の任意の判断によるといえます。

2　調停手続と訴訟手続の選択

　遺留分減殺請求は、遺留分の計算方法が煩雑であるほか、争点が多
岐にわたる傾向があり、審理のために多くの時間と手間を要する類型
の事件です。そのため、遺留分減殺請求の手続を円滑に進めるため、
調停手続と訴訟手続のいずれを選択するのがよいかは検討すべき事項
です。

　調停手続での話合いの解決の余地がないのであれば、最初から訴訟

第5章　遺留分　　153

手続を選択することも1つの考え方です。一方、争点が多岐にわたる場合等は、まずは調停を申し立て、その手続の中で争点整理をしてから、それでも争いがある点について裁判所の判断を仰ぐため訴訟手続へと移行するという方法もあります。

　いずれが望ましいかは、事案の性質や代理人弁護士の経験等にも左右されますが、調停委員が代理人弁護士の代わりに遺留分の額を計算してくれるわけではありませんし、裁判所任せにしても当事者の意向は手続に反映されません。いずれであっても、それぞれの手続の特性を理解し、代理人弁護士において丁寧な計算と主張の整理を心がけ、審理の進行をリードすることが大事です。

3　調停を選択する場合の注意点

　ところで、調停を選択する場合、遺留分減殺請求の意思表示を調停申立書の方法によってはならず、それ以外の方法（内容証明郵便の送付等）によらなければなりません。

　家事調停の場合、裁判所から申立書の写しを相手方に送付する取扱いはされていますが（家事256①）、厳密な送達の手続がなされているわけではないので、申立書に記載した遺留分減殺の意思表示を到達したものとして取り扱うことができないからです。

　別途内容証明郵便を送付せずに、遺留分減殺請求の意思表示を記載した申立書の写しを裁判所から送付したとしても、被減殺者が調停期日に欠席し、あるいは出席しても、親族間の感情的な対立のみについて意見を述べることに終始し、遺留分減殺請求について何ら認否反論しないまま手続が進み、消滅時効期間である1年が経過してしまうと、消滅時効が完成してしまうおそれもあるので、くれぐれも注意しなければなりません。

（藤井伸介・古家野彰平）

【50】 遺言の効力を争うときの落とし穴

　被相続人Ａの自筆証書遺言が無効であると信じた二男Ｃは、同遺言によって全遺産を取得した長男Ｂを被告として、遺言無効確認訴訟を提起した。しかし、裁判所の判断によって同遺言は有効なものであるとされてしまったことから、Ｃは、改めて遺留分減殺請求の手続をとった。この場合、時効にかかる可能性はあるか。

POINT
- 遺言無効の確認請求が棄却された時に、初めて遺留分の侵害を認識したとの弁解は認められない可能性が高い
- 少なくとも予備的には遺留分減殺の意思表示をしておくことが重要

誤認例　Ｃが、自分の遺留分が侵害されたことを知ったのは、前訴である遺言無効確認請求が棄却された時であるから、それから1年以内に遺留分減殺請求の意思表示をすれば、時効にかかることはない。

本当は　遺言の効力を争うときであっても、予備的に遺留分減殺請求の意思表示をしておかないと、時効にかかる場合がある。

第5章　遺留分　　155

解　　説

1　遺留分減殺請求権

　遺留分減殺請求権は、遺留分権利者が、相続の開始及び減殺すべき贈与又は遺贈があったことを知った時から、1年間これを行わないときは時効によって消滅するものとされています（民1042前段）。

　なお、改正民法（相続法）1048条前段〔1年以内施行〕では、「減殺請求権」から「遺留分侵害額請求権」へと名称が変更されます。

2　遺留分減殺請求権の行使

　もっとも、本事例では、遺留分権利者であるCが遺言の無効を信じて遺言無効確認訴訟を提起しており、同訴訟における請求が棄却されるまでは、遺言書の有効を前提とした遺留分減殺請求権は行使しえなかったともいえそうです。

3　最高裁昭和57年11月12日判決

　この点、最高裁昭和57年11月12日判決（民集36・11・2193）は、一般論としては、「『減殺すべき贈与があつたことを知つた時』とは、贈与の事実及びこれが減殺できるものであることを知つた時と解すべきであるから、遺留分権利者が贈与の無効を信じて訴訟上抗争しているような場合は、贈与の事実を知つただけで直ちに減殺できる贈与があつたことまでを知つていたものと断定することはできないというべきである（大審院昭和12年（オ）第1709号同13年2月26日判決・民集17巻275頁参照）」と大審院判例を引用しつつ述べています。

　しかし、その一方で「民法が遺留分減殺請求権につき特別の短期消滅時効を規定した趣旨に鑑みれば、遺留分権利者が訴訟上無効の主張をしさえすれば、それが根拠のない言いがかりにすぎない場合であつ

ても時効は進行を始めないとするのは相当でないから、被相続人の財産のほとんど全部が贈与されていて遺留分権利者が右事実を認識しているという場合においては、無効の主張について、一応、事実上及び法律上の根拠があつて、遺留分権利者が右無効を信じているため遺留分減殺請求権を行使しなかつたことがもつともと首肯しうる特段の事情が認められない限り、右贈与が減殺することのできるものであることを知つていたものと推認するのが相当というべきである」と述べ、結論において、当該事案における減殺請求を認めない旨の判断をしました。

4 予備的には遺留分減殺請求権を行使しておくことが無難

このように、遺言が無効である旨の主張をしていたとしても、それだけで減殺請求権の消滅時効が進行しないわけではなく、たとえ勝訴の見込みが相当程度あったとしても、減殺請求権が行使できなくなるというリスクを考えるならば、少なくとも予備的には遺留分減殺請求権を行使しておくことが無難であるといえます。

（小林　寛治）

第5章 遺留分　157

【51】 「現金で贈与を受けた」のか「不動産で贈与を受けた」のかでは大違いなのか？

　被相続人Aの存命中、長男Bが自宅を建てるに際してAから1,000万円の生前贈与を受けていたことが分かっている（これが特別受益に当たることに争いはない。）。共同相続人である二男C及び三男Dは、遺産分割協議において、Bが現金で贈与を受けたのか、不動産で贈与を受けたのかを考慮する必要はないか。

| POINT | ・特別受益の対象となる財産の評価は、相続開始時の評価で行われる
・現金と不動産では、相続開始時までの評価額の変動幅が大きく異なることから、これらを自覚的に整理・区別して主張することが重要 |

| 誤認例 | 1,000万円という贈与額が判明している以上、Bが現金で贈与を受けたのか、不動産で贈与を受けたのかを考慮する必要はない。 |

| 本当は | Bが現金で贈与を受けたと考えるのか、不動産で贈与を受けたと考えるのかで、結果に差が出る。 |

第5章　遺留分

解　説

1　特別受益額の評価基準時

生前贈与の問題については、贈与時から相続開始時までに相当な期間が経過することが通常ですが、このような場合、特別受益の額の評価の基準時は相続開始時となります（最判昭51・3・18判時811・50）。ですから、本事例のように生前贈与が特別受益として問題となるケースにおいては、まずもって、相続時価格を出す必要があります。

例えば、昭和45年に1,000万円の現金を生前贈与としてもらったという者がいるのであれば、それは単に「1,000万円の特別受益を受けた」というのではなく、相続時における貨幣価値の変動を考慮し、評価換えをすることになります（Bが現金で1,000万円の贈与を受けたのが昭和45年、Aの死亡時が平成22年であれば、総務省統計等の数値（消費者物価指数等）を利用して、「相続時価額は3,067万円に当たる」等という主張をすることとなります。）。

2　特別受益の額となる相続開始時の評価額

他方、AがBに、現金ではなく土地を贈与したということになれば、その土地の相続開始時の評価額が特別受益の額となります。例えば、売買契約はA名義となっており、土地の登記のみBとなっている場合や、登記上、AからBへの土地贈与の事実が示されている場合などが、土地の贈与の例として挙げられるでしょう。

ここでは贈与を受けた後に当該土地が売られていようと売られていまいと関係なく、相続開始時のその土地の値段が問題になります。例えば、バブル景気前にある土地を1,000万円でAが購入し、その土地をBに贈与し、バブル時にそれが2億円になっていますと、バブル期が相続開始時であれば、それは2億円の特別受益だということになります

（もちろん、相続開始時に値下がりしていれば、その値下がりした金額が特別受益です。この場合、高値で売り抜けることで利益を受けたり、逆に売却後の値上がりに関して損害を被るといった結果を招来することになりますが、これは致し方ないものとされています。）。

　このように、当初に1,000万円の現金を贈与して、その1,000万円でＢが土地を買っていれば、後にいくら土地が値上がりしても1,000万円に消費者物価指数を掛ければいいことと比較して、決定的な差が出てきます。

　このような結果となることが常に妥当かどうかは疑問もありますが、少なくとも、主張の仕方として1,000万円の現金の受益と言うのか、1,000万円の土地の受益と言うのかでは、特別受益の計算が全く違ってくるということについては、自覚的な検討が必要です。

3　本事例の場合

　なお、ＡがＢのために1,000万円で建物の建築行為を行ってやり、建物を贈与したという場合には、さらに問題が複雑です。

　建物は贈与を受けた後、次第に老朽化していきますので、相続時にはほぼ価値がゼロになってしまっているということもあり得ます。しかし、その場合に特別受益はゼロであると考えていいかどうかは、十分な議論ができていない問題であるといえるでしょう。とはいえ、Ｂの側からするならば、このような反論も十分成り立ち得るということは理解の上で、法的な主張を組み立てることが必要です。

（小林　寛治）

【52】 相続人に対する生前贈与と遺留分減殺請求の落とし穴

　被相続人Ａは、株式会社を設立して、その株式の全てを保有していたが、長期間にわたって赤字経営が続き、莫大な繰越損失を生じさせてしまったため、その保有する株式を全て長男Ｂに贈与し、会社経営をＢに託した。その後、Ｂは同社の経営を立て直し、同贈与から約20年が経過した後に発生したＡの相続では、めぼしい遺産がない中、上記株式の評価額は1億円に達した。そこで共同相続人である二男Ｃは、相続開始後、熟慮期間の経過を待たずして、Ｂに対して遺留分減殺請求権を行使した。Ｂはこの遺留分減殺請求に応じなければならないか。

POINT	・特別受益は常に遺留分減殺請求の対象となるのか ・特別受益を受けた相続人が相続放棄をした場合はどうなるのか

誤認例	ＡからＢへの株式の贈与は特別受益に該当し、その評価は相続開始時を基準に判断されるため、Ｂは1億円の特別受益を得たものと解される。したがって、たとえ20年前の贈与であっても、1億円が遺留分算定の基礎財産に加算され、ＢはＣからの遺留分減殺請求に常に応じざるを得ない立場に立つ。

本当は	最高裁平成10年3月24日判決を前提にすると、特別受益を受けた相続人であるからといって、必ずしも常に遺留分減殺請求に応じざるを得ないとは限らない。また、Ｂ

第5章　遺留分　　　161

が相続を放棄すれば、遺留分減殺請求に応じなくて済む
可能性がある。

解　説

1　特別受益とその評価時点

　遺留分算定の基礎となる財産については、民法1044条が903条を準用することから、相続開始1年前であるか否かを問わず、また、損害を加えることの認識の有無を問わず、特別受益としての贈与も加算されると解されています。仮に特別受益について持戻し免除の意思表示がされていても同様です（最決平24・1・26判時2148・61）。そして、特別受益の評価は相続開始時を基準に判断されますので、本事例では、Bは1億円の特別受益を得たことになり、したがって、遺留分算定の基礎財産にも、この1億円が加算されることになり、誤認例もその限度では正しいものといえます。なお、改正民法（相続法）〔1年以内施行〕では1044条3項で「相続人に対する贈与についての第1項の規定の適用については、同項中「1年」とあるのは「10年」と、「価額」とあるのは「価額（婚姻若しくは養子縁組のため又は生計の資本として受けた贈与の価額に限る。）」とする。」と定め、相続人に対する贈与について、遺留分算定の基礎財産となる範囲を明確化しています。

2　特別受益と遺留分減殺請求

　しかしながら、特別受益を得た相続人に対して常に遺留分減殺請求が可能かという問題について、最高裁平成10年3月24日判決（民集52・2・433）は、「民法903条1項の定める相続人に対する贈与は、右贈与が相続開始よりも相当以前にされたものであって、その後の時の経過に伴う社会経済事情や相続人など関係人の個人的事情の変化をも考慮する

とき、減殺請求を認めることが右相続人に酷であるなどの特段の事情のない限り、同法1030条の定める要件を満たさないものであっても、遺留分減殺の対象となる」として、特別受益を受けた相続人であっても、一定の事情がある場合には、遺留分減殺請求の対象にならない場合があることを認めています。

本事例でも、赤字企業を立て直したＢの約20年にわたる努力や他の相続人の状況如何により、Ｂは前掲最高裁判決が指摘する特段の事情の存在を主張して争うことが考えられます。

3　相続放棄をした場合

また、Ｂが相続放棄をした場合、その効果として相続人の地位を失うことになり、もはや相続人が受ける特別受益としての贈与という観点から贈与財産を遺留分算定の基礎財産に算入することはできませんので、この場合には、民法1030条（改正民法（相続法）1044条1項〔1年以内施行〕）により遺留分権利者に損害を加えることを知ってされた贈与に当たるか否かで処理するしかないと解されます。そして、かかる遺留分侵害の認識の判断基準時につき、前掲の最高裁判決の原審である仙台高裁平成9年7月18日判決（民集52・2・476）は、贈与時で判断すべきとしており、この判断については前掲の最高裁判決でも触れられることなく原審に破棄差戻しがされています。

したがって、Ｂが相続放棄をした場合には、Ａから株式が贈与された時点ではこれが無価値であったことを主張立証することにより、遺留分権利者に損害を加える認識がなかったとして、同株式を遺留分算定の基礎財産に算入することを回避できると解されます。

なお、本事例で、仮にＢがＡから贈与を受けた株式以外にも遺留分減殺請求の対象となる贈与や遺贈を受けている場合は、Ｂが相続放棄をすると、Ｃの遺留分が増える結果、Ｃからの遺留分減殺請求も増えてしまう点に注意が必要です。

（塩田　慶）

【53】 遺留分侵害額の計算の落とし穴

法定相続人は、被相続人の子Ａ、Ｂ、Ｃである。相続財産は、合計3,600万円（土地①2,000万円、土地②200万円、土地③1,100万円、現金300万円）である。

公正証書遺言の内容は、「Ａに土地①と土地②を相続させる。Ｂに土地③を相続させる」という内容である。ＣからＡとＢに対して遺留分減殺請求されているが、誰にも生前贈与はなく、ＡもＢも土地につき価格弁償をしたいと考えている。

ＡとＢの減殺額の割り振りはどうすればよいか。

POINT	・減殺者が受領すべき未分割遺産の取扱い ・被減殺者の遺留分をどう扱うか ・減殺対象物件の価額に応じた減殺額の割り振り

誤認例	Ａは遺留分侵害分としてＣに交付する現金200万円を負担し、Ｂは遺留分侵害分としてＣに交付する現金100万円を負担する。Ｃは、遺産たる現金300万円とＡから200万円、Ｂから100万円を受領することになる。

本当は	Ｃは、遺産たる現金300万円を取得し、Ａから228万5,714円、Ｂから71万4,285円を遺留分減殺額として受領することになる。

164　　第５章　遺留分

解　説

1　誤認例の計算の検証と問題点

　誤認例の計算は、次のとおりです。

＜誤認例の計算＞

3,600万円÷3人÷2＝600万円
600万円－300万円＝300万円
2,200万円：1,100万円＝200万円：100万円　で分配する。

　しかし、最高裁判例によればＡ、Ｂ共に、自己の遺留分を超過した分だけが減殺の対象となります（最判平10・2・26民集52・1・274）。また、未分割遺産については、法定相続分により分配するか、具体的相続分に応じて分配するか、二つの考え方があります。

＜法定相続分説＞

（2,200万円＋100万円－600万円）：（1,100万円＋100万円－600万円）
＝17：6　となるか？

＜具体的相続分説＞

（2,200万円－600万円）：（1,100万円－600万円）＝16：5　となるか？

　ただし、本来の具体的相続分説なら、寄与分と特別受益を考慮します。

2　未分割遺産の取扱い

　まず、上記遺留分侵害額の計算の前提として、未分割遺産についてどう取り扱うかが問題となります。つまり、相続開始時に存在した現金は、遺産分割の対象であって、未分割状態では、誰がいくら取得す

るのか、理論的には不明な状態だからです。

　このような未分割遺産をどのように遺留分計算に組み込むのかについて考え方としては、①法定相続分説と、②具体的相続分説が対立していますが、多くの裁判官は、具体的相続分説が妥当であると考えているようです。

　この点について、片岡武＝管野眞一『新版　家庭裁判所における遺産分割・遺留分の実務』469〜471頁（日本加除出版、2013）においては、旧版では法定相続分説を採用していましたが、新版では具体的相続分説を採用する旨の説明がなされています。

　法定相続分説によれば、現金300万円については、A、B、C各自に100万円ずつ分配することを前提として遺留分額を計算することになりますが、具体的相続分説に立脚すれば、本事例においては、A、Bに相続させる旨の遺言による特別受益があり、Cの遺留分が侵害されている状態なので、300万円の金額であれば全額をCが取得するべきものとして遺留分侵害額を計算することになりそうです。ただし、Cが生前贈与を受けていれば話が違ってきます。

　ちなみに、いわゆる「遺留分計算シート」は、「法定相続分説」に立脚したプログラムを組んでいますので、未分割遺産の欄については「具体的相続分説」に立脚して、遺留分侵害された相続人が未分割遺産を全額取得するか「遺贈」により取得したものとみなして記入して計算する必要があります。

3　目的の価額の割合に応じて減殺する

　次に、民法1034条本文の「遺贈は、その目的の価額の割合に応じて減殺する」との規定（改正民法（相続法）1047条1項2号〔1年以内施行〕も同旨）の解釈が問題なのですが、「目的物の価額の割合」という場合の、「目的物の価額」の算出については、①目的物そのものの価額、②

目的物の価額から受遺者の遺留分額を控除した残額、③目的物の価額から法定相続分額を控除した残額とする3つの考え方があり得ます。

　この点、「相続人に対する遺贈が遺留分減殺の対象となる場合においては、右遺贈の目的の価額のうち受遺者の遺留分額を超える部分のみが、民法1034条にいう目的の価額に当たる」とするのが判例 (最判平10・2・26民集52・1・274) です。誤認例の計算は、①目的物そのものの価額によって、割合を計算しています。

　ちなみに、減殺対象金額の比率でいえば、A：Bが16：5の割合で300万円を割り振りすることになります。割り振りした後の金額でいえば、Aについては228万5,714円、Bについては71万4,285円となります。

《参考となる判例》
○相続分指定の遺言に対する遺留分減殺請求と被減殺者の遺留分 (最決平24・1・26判時2148・61)

（藤井　伸介）

第 6 章

遺産分割

168

【54】 後見人と被後見人の遺産分割協議（後見人に著しく有利な結果となった場合）の落とし穴

　後見人と被後見人との間の遺産分割協議に関し、被後見人に特別代理人が選任されたが、結果として、後見人に著しく有利な遺産分割が成立した。この遺産分割に問題はないか。

POINT
・後見人と被後見人の遺産分割協議において、被後見人に特別代理人が選任された場合であっても、後見人に著しく有利な結果となった場合には、これをさらに取り消し得ると判断した判例がある
・未成年者との比較においても、被後見人をより強く保護しようという実務の傾向があることに注意

| 誤認例 | 後見人と被後見人との遺産分割協議に関し、被後見人に特別代理人が選任された場合には、それにより被後見人の利益保護に欠けることはないから、仮に後見人に著しく有利な遺産分割が成立したとしても（特別代理人の義務違反の問題はともかく）、当該遺産分割は、瑕疵のない法律行為である。 |

| 本当は | 後見人と被後見人との遺産分割協議に関し、被後見人に特別代理人が選任された場合であっても、成立した遺産分割が後見人に著しく有利なものであったときには、法 |

律行為が一応有効とはいえても、被後見人において更に
取り消し得る法律行為となる場合がある。

解　説

　本事例のように、後見人と被後見人との間の遺産分割協議に関し、
被後見人に特別代理人（民法860条が準用する民法826条1項）が選任された
が、結果として、後見人に著しく有利な遺産分割が成立したという場
合、法的にはどのような問題点があるでしょうか。

　この点、山形地裁昭和45年12月8日判決（判タ260・291）は、後見人と
被後見人が共同相続人となった遺産分割の事案において、被後見人の
ために選任された特別代理人が遺産の大部分を後見人に取得させる旨
の後見人に著しく有利な遺産分割協議を成立させた場合に、民法866
条の規定の適用を肯定し、被後見人は民法866条による取消権を有す
るものと判示されています。

　民法866条1項は、「後見人が被後見人の財産又は被後見人に対する
第三者の権利を譲り受けたときは、被後見人は、これを取り消すこと
ができる。この場合においては、第20条の規定を準用する」と規定し、
同条2項で「前項の規定は、第121条から第126条までの規定の適用を妨
げない」と規定するものです。

　後見人との遺産分割協議に関して、被後見人に特別代理人が選任さ
れている以上、それにより被後見人の利益保護に欠けることはなく、
仮に後見人に著しく有利な遺産分割協議が成立したとしても（特別代
理人の義務違反の問題はともかく）、当該法律行為自体が無効（民113以
下）にはならないわけですが、上記判例は、後見人については更に民法

866条の規定の適用を肯定し、その遺産分割協議自体が被後見人において取り消し得る法律行為としたわけです。

このように、後見人と被後見人との間の遺産分割協議については、親権者と未成年者間のケース以上に、被後見人の保護の範囲が広く捉えられる余地があるわけです。

（小林　寛治）

【55】 後見人と被後見人の遺産分割協議（特別代理人が選任されなかった場合）の落とし穴

　後見人と被後見人との間の遺産分割協議に関し、被後見人に特別代理人が選任されないまま、被後見人にとって有利な内容の遺産分割が成立した。この遺産分割に問題はないか。

POINT
・後見人と被後見人の遺産分割協議において、特別代理人が選任されなかった場合は、原則として無効
・例外的に、被後見人が全ての遺産を取得するような場合には、有効と認められる

誤認例
後見人と被後見人との遺産分割協議に関し、特別代理人が選任されなかったとしても、それが被後見人にとって有利な内容である場合には、被後見人の利益保護に欠けることはないから、当該遺産分割は法律上有効であると考えてよい。

本当は
後見人と被後見人との遺産分割協議に関しては、被後見人に特別代理人が選任されなかった場合は、成立した遺産分割が被後見人にとって有利なものであるか否かにかかわらず、法律上無効である。

第6章　遺産分割　　173

解　説

　後見人の利益相反行為に関し、民法860条が準用する民法826条1項は「親権を行う父又は母とその子との利益が相反する行為については、親権を行う者は、その子のために特別代理人を選任することを家庭裁判所に請求しなければならない。」と規定しています。すなわち、後見人と被後見人との関係で利益相反行為が生じるときは、特別代理人の選任を要するものとされているわけです。

　遺産分割協議は、相続人間の利害が相反する行為であり、後見人と被後見人が共同相続人となる場合には、後見人は家庭裁判所に特別代理人の選任を請求しなければなりません。

　これに反して行われた遺産分割協議は、無権代理行為として無効になるものとされています（民113以下）。

　このことは、後見人が自己に有利な遺産分割協議を成立させる場合には問題が顕著です。例えば、被相続人の遺産のほとんどを後見人が取得し、被後見人が微々たる遺産しか取得できないような不公平な内容の遺産分割協議を、後見人が独断で成立させてしまえるような法制度はとり得ず、その意味から、上述の特別代理人の制度は首肯できます。

　もっとも、逆に言えば、形式上は利害が相反する遺産分割協議であっても、後見人が自ら不利益を甘受し、被後見人にとって有利な遺産分割協議を成立させるような場合には、無効とする必要はないのではないかという疑問も生じます。

　この点、民法860条の利益相反行為に当たるか否かについては、民法826条と同様、行為の外形から判断する「外形説」と、行為の実質を重視する「実質説」が考えられますが、基本的に判例実務の立場は、外形説をとっているものと思われます。

したがって、後見人と被後見人との間の遺産分割協議については、当該遺産分割の内容が被後見人にとって有利なものか否かにかかわらず、特別代理人の選任がなければ、無効になるというのが端的な結論です。

ただし、遺産分割協議の内容が、被後見人が遺産全部を取得するというような場合については、別異の考慮が必要です。

この点に関連し、最高裁昭和53年2月24日判決（民集32・1・98）においても、後見人と被後見人全員が同時に相続放棄をしたという事案において、当該行為の客観的性質などから見て、それが利益相反行為とはいえないこともある旨を判示したものがあります。

上記最高裁の判断を見る限り、基本的には外形説の立場によるとしても、遺産分割協議の内容が、被後見人が遺産全部を取得するというものであった場合については、民法860条の規定する利益相反行為に当たらず、例外的に、有効な遺産分割協議と捉える余地があるものと思われます。

なお、成年後見事件の実務においては、財産管理を弁護士に、身上監護を近親者に分掌させて後見人を指定することがままあります（このような例は、未成年者に後見人が就く場合にも同様にあり得るものと考えられます。）。

その場合の後見人選任審判書の主文には、例えば「成年後見人甲（近親者）及び乙（弁護士）は、別紙のとおり事務を分掌してその権限を行使しなければならない。」と記載され、別紙として、「1　成年後見人甲は、成年被後見人の身上監護の事務を分掌する。2　成年後見人乙は1記載の以外の事務を分掌する。」と記載されます。また、成年後見登記記録にも、上記と同様の「事務の共同・分掌の定め」が、別紙目録に記載されます。

このように、後見開始審判書謄本のみならず、後見登記記録そのも

のに明確に事務分掌が記載され、甲（近親者）には身上監護権しかなく、財産管理については乙（弁護士）が分掌することが明白な場合は、相続人としての甲と後見人乙との間で遺産分割協議が行われる場合でも、特別代理人選任は不要であるものと考えてよいと思われます。

　未成年者の後見事例においても、後見事務が分掌されている場合については、同様の注意が必要です。

（小林　寛治）

【56】 預貯金以外の賃料債権や、貸付金返還請求権等は当然分割となるのか？

　最高裁大法廷平成28年12月19日決定により、預貯金債権が遺産分割の対象となったが、寄与分や特別受益がある場合には、預貯金以外の収益物件の賃料請求権・委託契約に基づく受託料・貸付金返還請求権などの一般債権、あるいは相続開始直前に多額の特別受益を受けている相続人が被相続人名義の預貯金から無断で多額の引出しをした場合、その引出金についての不当利得返還請求権又は損害賠償請求権も遺産分割の対象とされるのか。

POINT	・遺産分割当事者全員の合意がない限り、遺産分割の対象とならない一般の可分債権 ・昭和29年4月8日の最高裁判例は最高裁大法廷平成28年12月19日決定により変更されたか

誤認例	上記最高裁大法廷決定により、今後は、合意がなくても、寄与分や特別受益がある場合には、可分債権も遺産分割の対象として扱われることになる。

本当は	上記最高裁大法廷決定においては、預貯金債権については可分債権ではないとされ、一般の可分債権については、従前どおり、遺産分割当事者全員の合意がない限り、遺産分割の対象とはできない。

第6章　遺産分割　　177

解　　説

　最高裁大法廷平成28年12月19日決定（判時2333・68）については、一般
の可分債権については、従前どおり原則として遺産分割の対象となら
ないといわねばなりません。

　上記最高裁大法廷決定においては、最高裁平成16年4月20日判決（判
時1859・61）については変更すべきものとしましたが、最高裁昭和29年
4月8日判決（判タ40・20）については、変更すべきものとはしていない
のです。

　また、被相続人の生前に被相続人名義の預貯金から無断で多額の引
出しをした相続人に対する不当利得返還請求権あるいは損害賠償請求
権（いわゆる使途不明金）については、上記最高裁大法廷決定の射程
外とされていますので、相続人全員の合意がない限り、そのような使
途不明金は、遺産分割の対象にはなりません。

（藤井　伸介）

【57】 一部の相続人に遺産の一部を先行して渡し、相続人から切り離す場合の落とし穴

　被相続人Ａの相続人は子Ｂ、Ｃ、Ｄである。Ｄは長年親族と疎遠であり、また現在経済的に困窮していることもあって、今月中に特定の少額の遺産を取得できれば後は権利を主張しないと言っている。Ｂ、Ｃは感情的に対立しており、またＡの遺産は複雑でもあるので、遺産分割にはまだ相当時間を要する見込みである。
　Ｄには先に特定の少額の遺産を渡して、残りはＢ、Ｃで遺産分割したいが、どうすればよいか。

POINT	・まず一部遺産分割協議を行う ・その次に相続分譲渡を行う ・相続分の放棄は推奨されない

誤認例	「Ｄは、将来Ｂ、Ｃの協議がまとまった場合にはその内容に同意するものとする」、「Ｄは、相続分を請求しない」という覚書を作成すればよい。

本当は	まず相続人全員（Ｂ、Ｃ、Ｄ）でＤのみに遺産を割り付ける一部遺産分割協議を行い、その上でＤの残りの相続分全部をＢ、Ｃに譲渡する。

第6章　遺産分割　　179

解　説

1　一部遺産分割協議かつ残りの相続分全部を相続人に譲渡する場合

　B、Cで将来遺産分割協議がまとまったとしても、遺産分割協議である以上、Dの同意は必要であり、その時にはDが同意しない可能性があります（代が替わっている可能性もあります。）。覚書等で「Dは、将来B、Cの協議がまとまった場合にはその内容に同意するものとする」、「Dは、相続分を請求しない」と書いても、審判の判断材料の一つ程度にしかならず、法的紛争を防止することはできません。

　また、B、Cで遺産分割協議がまとまらなかった場合は、最終的には審判となりますが、どのような審判となるかは不透明です。Dに先行して遺産を分けたこと自体も無効と考えて、財産全体を対象にして審判するという考え方もあれば、Dが取得した遺産はそのままにして、残る遺産のみをB、Cに割り付けるという考え方もあり得ます。要は不安定なのです。

　したがって、以下のような工夫を行っておく必要があります。

① 　一部遺産分割協議

　まず、Dに渡す遺産について、一部遺産分割協議をします。

② 　その上でDの残りの相続分全部を残りの相続人に譲渡する

　上記①のみでは、Dがそれ以上の遺産を要求してきた場合に対処できません。よって、併せて相続分の譲渡も行うべきです。

2　相続分の譲渡

　相続分の譲渡の法的性質については、最高裁平成13年7月10日判決（民集55・5・955）が、次のように述べているとおりです。「共同相続人間で相続分の譲渡がされたときは、積極財産と消極財産とを包括した

遺産全体に対する譲渡人の割合的な持分が譲受人に移転し、譲受人は従前から有していた相続分と新たに取得した相続分とを合計した相続分を有する者として遺産分割に加わることとなり、分割が実行されれば、その結果に従って相続開始の時にさかのぼって被相続人からの直接的な権利移転が生ずることになる」。相続分の譲渡とは、遺産分割までの暫定的な権利移転であって、税務上も譲渡所得税が課税されるものではありません。

　自己の相続分全部を譲渡した者は、遺産確認の訴えの当事者適格を有しません（最判平26・2・14・判タ1410・75）。平成25年1月施行の家事事件手続法では、家庭裁判所が、当事者となる資格を喪失した者を家事審判の手続から排除することができる旨の規定（家事43①）があり、遺産分割審判において、相手方である相続人が相続分を全部譲渡した場合には排除の対象となると思われます。ただし、調停等申立て当初から当事者から除外できるか否かは事案によって個別的に判断され、一応当事者として表示して裁判所からの照会に対して相続分を全部譲渡した旨の回答があってから当事者から除外する場合もあれば、当初から当事者から除外する場合もあります。相続分を全部譲渡した旨の書面及び実印、印鑑証明書が存在し、家庭裁判所との関係である程度信頼できる代理人が存在している場合には、後者の取扱いもあり得ます。

3　相続分の放棄

　なお、相続分の譲渡ではなく、相続分の放棄が検討されることもありますが、あまり推奨されません。相続分の放棄は、その法的効果について諸説あり（他の相続人全員の相続分が均等に増加すると考えるか、相続分に応じて増加すると考えるのか、相続放棄同様に株分け的に帰属するのか）、放棄者の意思に反する結果となる可能性もあるからです。また、遺産分割協議書と相続分を放棄した者の相続分の放棄

書があれば不動産登記ができるのかも不透明です。さらに、相続分の放棄は相続放棄とは異なり、遺産分割調停及び審判の当事者適格を失いますが、相続人としての地位は失わないので、相続債務については法定相続分の割合で負担することとなります。相続分の放棄特有のメリットはあまり想定できません。

（野口　大）

【58】 相続債務残存の可能性がある場合に相続分の譲渡を行うときの要検討事項とは？

　被相続人Aの相続人は子B、C、Dである。詳細は調査中であるが、Aには債務がある可能性もある。Dは長年親族と疎遠であり、また現在経済的に困窮していることもあって、今月中に特定の少額の遺産を取得できれば後は権利を主張しない、その代わり借金が判明しても自分は一切負担したくないと言っている。B、Cは感情的に対立しており、またAの遺産は複雑でもあるので、遺産分割にはまだ相当時間を要する見込みである。
　Dには先に財産を渡して残りはB、Cで遺産分割したいが、どうすればよいか。

| POINT | ・相続分譲渡をすると相続債務はどうなるか？
・確実に債務を免れたいなら相続放棄 |

| 誤認例 | Dが取得する財産について一部遺産分割協議をして、その後Dの残りの相続分全部をBとCに譲渡してもらえばよい（相続分譲渡をすれば、相続人でなくなるので、債務も負担しない。）。 |

| 本当は | 相続分譲渡の場合、相続債務について併存的債務引受がなされ、Dは相続債務の負担を免れない。Dが確実に相続債務の負担を免れたいのであれば、相続分の譲渡ではなく、相続放棄するべきである。 |

第6章　遺産分割　　　183

なお、Ｄが一部でも財産の取得を望む場合、遺産の一部をＤに取得させると法定単純承認となるので、Ｂ又はＣが自己の固有財産から支出するべきである。

解　　説

　相続人は、自己の相続分を特定の相続人に譲渡等することも可能であり、他の相続人に平等に譲渡することも可能です。誰に譲渡するかを譲渡人の意思で決定できる点が最大のメリットです。有償（譲渡）でも無償（贈与）でもよく、遺産の一部を取得する見返りに相続分を譲渡する方法も、相続人が自己の固有財産で相続分を買い取ることも可能です。相続分の譲渡の法的性質その他は【57】を参照してください。

　相続分の譲渡について、相続債務がある場合には留意が必要です。相続分の譲渡の場合は併存的債務引受がされたと解されるからです（鈴木禄弥『相続法講義〔改訂版〕』189頁（創文社、1996））。

　したがって、Ｄが確実に相続債務を免れたいと考えるのであれば、相続放棄を検討するべきです。なお、Ｄが一部でも財産の取得を望む場合、遺産の一部をＤに取得させると法定単純承認となるので、Ｂ又はＣが自己の固有財産から支出するべきです。

（野口　大）

【59】 非協力的な相続人がいる場合の裁判所選択についての誤解

　共同相続人4人のうち3人は大阪市・京都市・神戸市に在住だが、1人が仙台市に居住しており、関西在住の3人は基本的に法定相続分に応じた遺産分割協議に応じる意向だが、被相続人名義の仙台市の不動産に被相続人と同居していた1人が任意の遺産分割に応じようとしない場合、関西在住の相続人から調停申立てをするには、どこの裁判所に調停申立てをするのがよいか。

POINT
・任意の遺産分割協議に協力しない共同相続人がいる場合の調停の種類や管轄裁判所の選択

| 誤認例 | 申立人らの出席が楽なので、関西在住の相続人が関西の裁判所へ調停申立てをすればよい。 |

| 本当は | 任意の遺産分割協議に協力しない仙台市在住の共同相続人を相手方として、仙台家庭裁判所に調停申立てをするのがよい。 |

解　説

　調停申立てをする管轄裁判所の選択については、以下のような諸点を考慮しておく必要があります。

1 管轄裁判所の原則

遺産分割調停事件の管轄裁判所は、原則として相手方の住所地を管轄する家庭裁判所又は当事者が合意で定める家庭裁判所となりますが（家事245①）、遺産分割審判事件の管轄裁判所は、相続開始地を管轄する家庭裁判所となります（家事191①）。したがって、相手方とすべき相続人のうちの1人の住所地を管轄する裁判所に申立てすることができますが、調停不成立により審判に移行する場合には相続開始地の家庭裁判所に移送される可能性を考慮しておかねばなりません。

2 管轄選択の基本

複数の相手方の住所地を管轄する裁判所が複数ある場合には、理論的にはいずれの裁判所に申立てをしてもよいのですが、調停手続の円滑な進行を考慮すると、遺産分割協議の交渉段階で最も非協力的であった相続人の住所地を管轄する家庭裁判所に申し立てるのが基本といえます。遺産分割協議には非協力的であった相手方でも、裁判所からの呼出しには応じる可能性が十分あり得るからです。もっとも、家事事件手続法9条2項により、他の裁判所に移送することができます。

次に、収益物件たる遺産不動産があり、相続人間でその管理方法や遺産たる不動産の評価について争いがある場合には、遺産管理者選任の必要性（家事194・200）や不動産鑑定を実施する必要が高い場合のことを考慮すると、不動産の所在地を管轄する裁判所を優先したいところです。

さらに、遺産分割事件のスムーズな進行を図る上で、裁判所の執務体制も併せて考慮すると、遺産分割専門部のある裁判所への申立てを検討すべきでしょう。

3　管轄選択の際に活用を検討すべき制度

　遺産分割調停は、相続人全員を当事者として申立てをしなければなりませんが、任意の遺産分割協議に際して、法定相続分での分割に何ら異議を唱えなかった相続人まで、毎回調停期日に呼び出すと、当初は異議を述べなかった相続人まで異議を主張したくなることがしばしばあります。

　そのような場合には、協力的な相続人に対しては、「最終的に遺産分割調停を成立させる場合には、受諾書面という制度があり、特段の意見のない相続人は、途中の調停期日を欠席していても、受諾書面を提出することにより調停を成立させることができる可能性があります。」などと事前にお知らせをしておいて、欠席することを促し、そのようなアドバイスをした旨を調停を担当する裁判所にも上申しておけば、スムーズな進行を期待できます。

4　管轄選択の裏ワザ

　遺産分割調停は、相続人全員を当事者としなければなりませんが、非協力的な相続人の住所地を管轄する裁判所を選択した場合に、他の相続人の出頭が困難になるようなときは、遺産分割調停を直ちに申し立てるのではなく、非協力的な相続人のみを相手方とする「遺産に関する紛争調停」の申立てをするのも一つの方法です。

　ただし、遺産に関する紛争調停事件の中で合意が成立しそうな場合において、漫然と調停成立調書を作成しても、遺産分割調停事件における調停成立調書と同様の効力を認められない場合もありますので、合意が成立しそうな場合には、改めて遺産分割調停申立てをする必要が生ずる場合があることを念頭に置いておくべきです。

5　避けるべき選択

　遺産分割事件を担当する弁護士としては、最終的には遺産分割事件を解決することが目的ですから、管轄に関する家事事件手続法の規定に反しないからといって申立人側の便宜のみを考慮するのではなく、事件のスムーズな進行に配慮して、任意の遺産分割協議に応じようとしない共同相続人の住所地を管轄する裁判所を選択するのが賢明です。申立人側の都合のみを考えて調停申立てをすると、場合によっては、職権により移送決定されることもあり得ます（家事246③）ので、ご注意ください。

（藤井伸介・古家野彰平）

【60】 収益物件の収益を独り占めしている相続人がいる場合の対処法とは？

　遺産として収益マンションがあるが、被相続人Ａと同居していた長男Ｂ（相続分2分の1）が家賃を1人で受け取っている。二男Ｃ（相続分2分の1）は家賃を引き渡すようにＢに再三要請しているが、Ｂは1年以上無視しており、しかも受け取った家賃を遊興費に使っている。Ｂは収益マンションの修理等にも応じていないようであり、入居者からのクレームも殺到している。何とかならないか。

POINT	・不当利得の訴訟 ・審判前の保全処分としての遺産管理者の選任は検討の余地あり ・どのような事案であれば保全の必要性が認められるか

誤認例	収益は観念的に相続人全員に帰属する（相続によって当然分割されるし、相続人は収益を取得したものとして所得税等がかかる（最判平17・9・8民集59・7・1931））。したがって、相続人の1人がこれを独占して費消しているとすれば、これは不当利得であり、訴訟をして収益を取り返す以外に一切方法はない。

本当は	当該収益物件について、審判前の保全処分として遺産管理者の選任を申し立てるという方法も検討に値する。

第6章　遺産分割　189

解　説

1　不当利得として訴訟提起

　収益は観念的に相続人全員に帰属します（相続によって当然分割され、相続人は収益を取得したものとして所得税等がかかります（最判平17・9・8民集59・7・1931）。）。したがって、相続人の1人がこれを独占して費消しているとすれば、これは不当利得であり、本来的には訴訟をして収益を取り返すのが原則です。

2　審判前の保全処分

　上記は間違いではありませんが、それも迂遠ですので、当該収益物件について、審判前の保全処分（家事105）として遺産管理者の選任を申し立てるという方法も検討に値します。遺産分割調停か審判が係属していれば、審判前の保全処分を利用することができます。

　遺産管理者に関する条文の定めは不十分であり、保全処分の一種ですので、詳細は解釈論に委ねられています。

　まず、特に保全の必要性については、厳格に考える立場と弾力的な運用を認める立場があります。

　一般的に次の①又は②のような場合には、保全の必要性が認められます。

① 遺産を管理している共同相続人が遺産を費消、廃棄、損壊したり、修繕をしない場合

② 遺産を管理している共同相続人が賃料等を請求していない場合

　他方、共同相続人の1人が遺産を管理して、その収益を自己のために費消している場合やその収益を他の共同相続人に分配しない場合は、賃料等は金銭債権として当然分割されるという考え方との関係で問題が生じます。すなわち、賃料等を遺産分割の対象とすることを合意し

ている、あるいは合意する具体的可能性がある場合にのみ、保全の必要性を認めるという考え方もあります。しかし、家事審判事件は非訟事件の性質を有するので、裁判所の裁量で弾力的に運用するべきであって、必ずしも賃料等を遺産分割の対象とすることの具体的可能性がなくても、幅広く保全の必要性を認めるべきでしょう。特に本事例のように、長期間収益を独占して散財し、しかも不動産の管理も怠っているのであれば、事後的に裁判を提起しても回収が困難となる可能性、不動産の物件価値が下がる可能性も高く、保全の必要性を広く認めるべきと考えます。

　保全の必要性が認められたとして、次に問題となるのは遺産管理者の権限です。保存行為、利用・改良行為については、家庭裁判所の許可は不要であり、物や権利の性質を変える管理行為、処分行為は家庭裁判所の許可を得ることを要します。では、共同相続人の1人に対して遺産の引渡しを求めることはできるのでしょうか。この点も遺産管理者は遺言執行者とは異なり相続人は管理権を失わないと解され、したがって遺産管理者は相続人と同等以下の管理権限しかなく（処分権限はない）、共同相続人の1人に対して遺産の引渡しを求めることはできないと考える立場もあります。この立場を押し進めると、家庭裁判所が遺産管理者選任の保全処分において「相続人が、遺産管理者の管理行為に協力し、管理行為の妨げとなるような一切の行為をしてはならない」との指示を付加したとしても、これは法的強制力はなく勧告としての意味しか持たないこととなります。実務的にはそのような考え方が主流と思われます。

　しかし、仮に法的強制力がないとしても、現実の紛争処理の現場においては、裁判所の指示事項というのは重大な意味を持ち、当事者が裁判所の指示事項を尊重するということも十分に期待できます。したがって、保全処分を申し立てる際には、指示事項として賃料を受領す

第6章　遺産分割　　191

る権限、さらには受領済みの賃料の引渡請求権限まで明記するように、裁判所に働きかける必要があります。

　なお、裁判所によっては、指示事項を記載する際に相続人全員の同意を要求する場合もありますが、そもそも指示事項は勧告的意味しか有さず、また本事例のようなケースで相続人全員の同意を取得することは不可能です。相続人全員の同意がなくても裁判所の裁量で指示事項を明記するべきと考えます。

3　過半数の相続分を有する相続人がいる場合

　なお、本事例では、長男Bと二男Cのみが相続人で、双方が相続分2分の1である（過半数の相続分を有する相続人がいない）ことを前提にしています。仮に母親も存命で、長男の相続分が4分の1、母親と二男の相続分が4分の3ということであれば、管理行為として、母親と二男が連名で家賃振込口座の変更等を行うことが最も有効な対処法となるでしょう。

（野口　大）

【61】 遺産である建物を共同相続人の一人が占拠している場合の対処法とは？

　被相続人Aの相続人B、Cのうち、Bは遺産たる建物にAと、その生前から無償で同居していたが、相続開始後、Cから、一人で占拠しているのはおかしいとして明渡しを求められ、明け渡さないのであれば、BはCに賃料相当額の2分の1を支払うよう求められている。Bはこれに応じる必要があるか。また、Bが、相続開始後に、初めて入居した場合はどうか。

POINT
- 遺産である建物を占拠する相続人に対する明渡請求は可能か
- 遺産である建物を占拠する相続人に対して賃料相当損害金を請求できるのか

誤認例
Bの入居時期が相続開始の前であるか後であるかを問わず、相続開始により遺産である建物は共同相続人全員の共有となり、相続人の一人が無償で居住する法的根拠はないので、BはCからの明渡請求に応じる必要があり、それができない場合には、賃料相当額のうちCの相続分に相当する額をCに支払う必要がある。

本当は
共同相続人はその相続分に応じた共有持分を有しており、この共有持分に基づいて建物全体を占有する権原を有していると解されるため（民249）、他の共同相続人は建

第6章　遺産分割　　193

物を占有している相続人に対して当然に明渡しを請求できるわけではないとする最高裁昭和41年5月19日判決がある。この論法からすれば、Bの入居時期を問わず、常にBに明渡義務があると断定することはできない。また、Bが一人で遺産たる建物に居住している場合、原則としてCに対し、その相続分に応じた賃料相当損害金を支払う必要があるが、相続人の一人が被相続人の生前から無償で被相続人と同居してきたような場合には、合理的意思解釈により、両者間で使用貸借契約が成立しているとして、遺産分割により建物の所有関係が最終的に確定するまでの間は引き続き無償で居住できるとした最高裁平成8年12月17日判決もあり、そのような場合には、Bは、遺産分割により建物の所有関係が最終的に確定するまでの間は、Cに対して賃料相当額を支払う必要はない。

解　　説

1　共同相続人の一人が建物に無償で居住する場合

　実務上、遺産である建物に共同相続人の一人が無償で居住する場合には、当該共同相続人に対して、他の共同相続人がその明渡しを求めてきたり、建物の占有利益を得ているとして、その清算を求める金銭の支払を請求してくることがあります。

2　建物の明渡請求の可否

　このような場合、居住している共同相続人（本事例ではB）にも相続分に応じた共有持分があり、この共有持分に基づいて共有物全部を占有する権原を有しているといえるため（民249）、「明渡しを求める理

由」がない限り、明渡請求までは認められないとする最高裁判決があります（最判昭41・5・19判時450・20）。なお、この最高裁判決では、「明渡しを求める理由」が具体的に何を意味するのかは明らかにされていませんが、学説上、共同相続人間の占有の変更は、「管理行為」ではなく、「変更行為」（民251）に該当するとみて、共同相続人全員の同意があった場合に限って明渡しが可能とする考え方が有力であり、東京地裁昭和63年4月15日判決（判時1326・129）も、「少なくとも一旦決定された共有物の使用収益の方法を変更することは」民法251条の「変更」に当たり、共有者全員の同意によらなければならないとしています。このような立場を前提にしますと、本事例でもBの入居時期を問わずBが明渡しに協力しない限り、Cから明渡請求をすることはできないことになります。

3 不当利得及び不法行為に基づく損害賠償請求の可否

　他方、当該家屋に無償で居住している共同相続人は、他の共同相続人の占有を排除して無償で家屋に居住しているという利益を得ている以上、入居時期を問わず、原則として、占有していない他の共同相続人に対して、その相続分に応じた家賃相当額の金銭を支払うべきものと解されています。最高裁平成12年4月7日判決（判時1713・50）も、不動産の共有者が、当該不動産を単独で占有する他の共有者に対して、単独で占有することができる権原につき特段の主張、立証のないという事情の下では、不当利得返還請求又は損害賠償請求することができることを認めています。

　もっとも、共同相続人が遺産である建物を無償で使用していた場合に、使用貸借の成立が認められることがあります。最高裁平成8年12月17日判決（判タ927・266）は、共同相続人の一人が相続開始前から被相続人の許諾を得て遺産である建物において被相続人と同居してきたと

きは、特段の事情のない限り、被相続人と右同居の相続人との間において、被相続人が死亡した後も遺産分割により右建物の所有関係が最終的に確定するまでの間は、引き続き右同居の相続人にこれを無償で使用させる旨の合意があったものと推認されるとして、使用貸借の成立を認めました。そのような場合には、権原に基づく適法な占有となるため、その期間終了までは明渡請求が認められないことはもちろんのこと、賃料相当額の支払をする必要もないことになります。

（塩田　慶）

【62】 一部の遺産について先行して遺産分割する場合の落とし穴

被相続人名義の不動産について、境界を確定するために時間を要するものがあるので、他の遺産を先行して分割したいが、そのようなことは可能か。どのような点に注意すべきか。

| POINT | ・一部遺産分割が、残余遺産の分割においてどのような影響を及ぼすのかを明確にしておくべき
・そのための具体的文言 |

| 誤認例 | 「〇〇は〇〇が取得する。その余の遺産は別途遺産分割協議する」という程度で足る。 |

| 本当は | 一部分割の場合には、一部分割の結果がその余の遺産の分割の際にどのような影響を及ぼすのかが問題となることが多いので、明確に合意をしておくべきである。
一部分割が残余遺産の分割に影響を与えないと決めておくのであれば、「当事者全員は、被相続人のその余の遺産については、前項による分割とは別個独立にその相続分に従って分割することとし、上記遺産がその余の遺産分割に影響を及ぼさないことを確認する」という文案が考えられる。
逆に残余遺産の分割を行う場合に、先行した一部分割も含めて再調整したいのであれば、「残余遺産の分割にお |

いて具体的相続分を算定する際は、前項によって分割対
象となった遺産の相続開始時の評価額を加味するものと
する」という文案が考えられる。

解　説

1　一部分割の必要性

　遺産分割というのは本来全ての遺産を分割することですが、①とり
あえず一部遺産を売却して代金を分配したい、②分割の容易な物件を
先に分割し不動産等分割困難な遺産の分割を後日に延ばしたい、③遺
産の範囲が不明確で調査・確定に時間がかかるとか、遺産性に争いの
ある物件がある場合などに、遺産であることが明らかな物件のみ分割
し、残余の分割を後日に延ばしたい、④特定の遺産の取得が実現でき
れば他の遺産の取得を希望しない相続人に希望する物件を取得させて
手続から脱退させたい等の場合において、一部分割を行う必要性も生
じます。

2　一部分割の可否

　相続人は、遺産をどのように分割するかについての処分権限を有し
ており、これを段階的に分割することも当然許されると解されるので、
協議・調停において一部分割をなし得ることついては異論ありません
（東京家審昭47・11・15家月25・9・107、東京高判昭57・5・31判時1049・41）。
なお、改正民法（相続法）〔1年以内施行〕でも明文で認められました
（改正民（相続）907①〔1年以内施行〕）。

　ただし、これが有効であるためには、分割する遺産について他の遺
産又は事案によっては、これから確定する遺産とは別個独立に分割す

るという合意が必要です（大阪家審昭40・6・28家月17・11・125、福岡家小倉支審昭56・6・18家月34・12・63）。つまり、一部分割として有効になるためには、残余遺産の内容や当事者の主張（例えば特別受益や寄与分）の当否にかかわらず、一部分割により分割した遺産は確定的に取得者の取得になり、これを改めて分割し直すことはないということです。

審判において一部分割をなすことができるのかは争いがありますが、民法907条3項で遺産の一部分割禁止を認めた結果として一部分割が起こり得ますし、遺言又は協議・調停によっても一部分割が生じ得ますので、許されると考えるべきです。通説・判例も積極です（大阪高決昭46・12・7家月25・1・42、大阪家審昭47・8・14家月25・7・55）。

なお、改正民法（相続法）〔1年以内施行〕でも明文で認められました（改正民（相続）907①〔1年以内施行〕）。

3　一部分割した場合における残余遺産の分割

一部分割する際において、残余遺産の分割方法について遺言書において何も定めていなかった場合は、一部分割と残余遺産の分割を切り離して終了させる意思であることが通常と思われ、一部分割は残余遺産の分割に影響を与えないのが原則です。この場合、残余遺産の分割方法については一部分割の遺産は全く存在しないものとして具体的相続分を算出して分割することとなります（東京家審昭47・11・15家月25・9・107）。

ただし、一部分割が法定相続分など一定の合理的割合に気づかずになされたり、一部相続人についてのみなされたり、一部分割後に新たに具体的相続分の割合に影響を与えるような主張がなされこれが認められるような場合などは、残余遺産の分配に当たって一部分割によって遺産を取得した相続人の取得分に影響を及ぼすこともあり得ます。

4 一部分割の場合の留意点

一部分割の場合には、上記3のように、一部分割の結果がその余の遺産の分割の際にどのような影響を及ぼすのかが問題となることが多いので、明確に合意をしておくべきです。

残余遺産の分割方法についての定め方については、次のどちらかの方法があります。

① 一部分割は残余遺産の分割に影響を与えないと決めておく

この場合、残余遺産の分割については、一部分割の遺産は全く存在しないものとして具体的相続分を算出して分割することとなります。

文言（調停条項等）としては、「当事者全員は、被相続人のその余の遺産については、前項による分割とは別個独立にその相続分に従って分割することとし、上記遺産がその余の遺産分割に影響を及ぼさないことを確認する」という例などが考えられます。

② 残余遺産の分割割合ないし分割方法を決めておく

この場合、残余遺産の分割については、一部分割の遺産も含めて具体的相続分を算出して分割することとなります。

文言（調停条項等）としては、「残余遺産の分割において具体的相続分を算定する際は、前項によって分割対象となった遺産の相続開始時の評価額を加味するものとする」という例などが考えられます。

5 その他参考事項

なお、預貯金債権については、改正民法（相続法）〔1年以内施行〕によって遺産分割前の仮払制度等が創設されました（改正民（相続）909の2〔1年以内施行〕、平30法72による改正後の家事200③〔1年以内施行〕）。生活費や相続債務の弁済などの当面の資金需要に対応するために活用できます。

（野口　大）

【63】 債務を負担しないという遺産分割協議に意味はあるのか？

被相続人Ａ（父親）は事業を営んでおり、長男Ｂが引き続き事業を行うこととなったので、遺産は全てＢが相続することとなった。債務もあるが、全てＢが事業収入の中から返済することとなった。相続人はＢのほか、長女Ｃ、二男Ｄ、三男Ｅの3名である。遺産分割協議書を作成するにおいて留意すべき点はないか。

POINT	・債務を確実に免れるなら相続放棄 ・相続放棄によって出現する次順位の相続人によって、かえって処理が困難となる場合もある

誤認例	「遺産は債務も含めて全て長男Ｂが相続する」という遺産分割協議書を作成すればよい。

本当は	債務を確実に免れたいなら、相続人Ｃ、Ｄ、Ｅは相続放棄するべきである。 なお、本事例の場合には問題とはならないが、例えば事業を承継するのが被相続人Ａ（父親）の妻であるような場合、子全員が相続放棄することによって事業継続に非協力的な第2順位、第3順位の相続人が発生する危険があることに留意する必要がある。

第6章　遺産分割　　201

> ## 解　説

1　遺産分割の対象

　金銭債務は、相続により当然に各相続人に法定相続分で承継されるため、遺産分割の対象とはなりません。遺産分割は、積極財産（プラスの財産）について分割を行うものです。

　最高裁昭和34年6月19日判決（民集13・6・757）が「債務者が死亡し、相続人が数人ある場合に、被相続人の金銭債務その他の可分債務は、法律上当然分割され、各共同相続人がその相続分に応じてこれを承継するものと解すべきである」と述べているとおりです。

　相続債務が連帯債務の場合にも、以上の理は同様であり、各共同相続人は、その相続分に応じて債務を承継し、その承継した範囲内で本来の債務者と共に連帯債務者となります。上記最高裁判決も「連帯債務者の一人が死亡した場合においても、その相続人らは、被相続人の債務の分割されたものを承継し、各自その承継した範囲において、本来の債務者とともに連帯債務者となると解するのが相当である」と述べています。

　したがって、遺産分割についてどのように定めようと、債権者（金融機関など）がその内容を承諾しない限り、その内容は債権者に対抗することはできず、債権者に対する関係では各相続人が法定相続分の割合の債務を負担することとなります。

　遺産分割協議の中で、相続債務について言及する場合もありますが、相続債務を相続人間でどのように内部分担するかという意味しか持ちません。

2　遺産分割協議後の相続放棄

　なお、本事例において、事業が順調であれば債務返済も可能である

ので、相続人Ｃ、Ｄ、Ｅが債務を相続することのリスクが顕在化することはありません。ただ、問題は事業が行き詰まった場合であり、この時には相続人Ｃ、Ｄ、Ｅは債権者から返済を迫られることとなります。その場合、それ以降に相続放棄をすることは可能かが問題となります。

① 相続人Ｃ、Ｄ、Ｅにおいて相続債務が存在しないと信じたことについて相当な理由があれば（およそ知る機会がなかった等）、相続債務のほぼ全容を認識した時、又は通常これを認識しうべき時から、熟慮期間を起算することとなります（最判昭59・4・27民集38・6・698）。

遺産分割協議が完了しているので、遺産の処分行為として法定単純承認事由（民921一）に該当し、この点で相続放棄申述ができないのではないかという問題があります。しかし、そもそも本事例で相続人が多額の相続債務があることを認識しておれば、そもそも最初から相続放棄をしたものと考えられます。したがって、そういう事案であれば、遺産分割協議は要素の錯誤により無効になり、法定単純承認の効果も発生しません。大阪高裁平成10年2月9日決定（判タ985・257）は同種事案において、上記趣旨を述べて相続放棄申述申立てを却下した審判を取り消しています。

② 相続人Ｃ、Ｄ、Ｅにおいて相続債務が存在しないと信じたことについて相当な理由がなければ、熟慮期間経過によって相続放棄は不可能となります。被相続人Ａが事業を営んでいたのであれば、通常は債務があることは容易に予測でき、相続放棄は困難な場合が多いと思われます。

よって、相続人Ｃ、Ｄ、Ｅとして確実に債務負担を免れたいのであれば、当初より相続放棄しておく必要があります。

3 その他の留意事項

なお、本事例の場合には問題とはなりませんが、相続放棄すること
によって事業継続に非協力的な第2順位、第3順位の相続人が発生する
リスクに留意する必要があります。例えば、事業を承継するのが母親
であり、子全員が相続放棄する事案であれば、第3順位として兄弟姉妹
又はその子が相続人として登場し、その者が事業継続に非協力的であ
る可能性もあります（相続放棄もせず、事業継続に不可欠な不動産の
取得を強硬に要求する等）。その可能性がある場合には、子全員が相
続放棄するのではなく、誰か1名相続放棄しない子を残しておく等、慎
重な検討が必要です。

（野口　大）

【64】 代償金の支払を担保できるのか？

代償金を支払うという条件で不動産を遺産分割する場合、代償金支払の確保をどのようにすればよいか。

POINT
・被相続人名義では相続を原因とする所有権移転登記と代償金支払を引換給付にはできない
・法定相続分の共同相続登記を具備すれば代償金支払と共有持分移転登記との引換給付が可能

誤認例　遺産分割審判においては、代償金の支払を担保する方法は存在しない。

本当は　代償金の支払担保の必要性がある場合には、法定相続分どおりの共同相続登記を具備した上で代償金の支払と共有持分移転登記手続を同時履行とする方法が可能である。
① 遺産分割調停や遺産分割協議の場合は、代償金の支払を合意の成立と引換えにすることで対応ができる。
② 審判の場合は、審判前の保全処分による仮差押え、あるいは、審判に先立ち法定相続分どおりの共同相続登記を具備した上で代償金の支払と共有持分移転登記手続を同時履行とすることでの対処が可能である。

第6章　遺産分割　　205

解　説

1　代償金の支払確保の必要性

　例えば、遺産分割審判によって遺産である土地建物がある相続人の
ものとなったものの、その相続人が代償金を支払わない場合、代償金
の支払を受ける権利のある他の相続人は、代償金について強制執行す
るしかありません。遺産分割で分けたはずの不動産をもう一回差し押
さえるという、無意味な方法を採らざるを得なくなってしまいます。

　そこで、実務上、代償金の支払担保の措置を講じる必要性があるの
ですが、調停条項又は審判主文において、代償金の支払と相続を原因
とする土地所有権移転登記申請を同時に履行することは、法的に不可
能です。調停でも審判でも、代償金を支払うという条件で土地を遺産
分割する場合、遺産分割の確定によって相続時に遡って効果が発生し、
所有権に基づき、相続による所有権移転登記を具備することが可能と
なるからです。そのため、支払の不安に対しては別の技術で対処する
必要があります。

2　遺産分割審判の場合の代償金の支払確保手段

　調停や話合いであれば、現金又は保証小切手を遺産分割協議の成立
の席上に持参してもらい、その支払と引換えに遺産分割協議を成立さ
せれば足ります。保証小切手の振出しの事実については、振り出した
金融機関に電話する等の方法により確認することができます。しか
し、審判ではこの方法は採れません。

　また、審判で代償分割を命じる場合、現物取得者に代償金の支払能
力があることが前提となりますので（最判平10・2・27判タ974・96）、原則
として、審判官があらかじめ指示した代償金額に相当する額の定期預
金の証書や、同額入金された代理人弁護士名義の預り金口座の通帳等

を証拠として提出することにより支払能力の証明をすることになります。

　しかし、この方法で確認できるのは支払能力の有無だけです。定期預金は解約されてしまうリスクがあり、代理人弁護士が預り金口座にて代償金額相当額の金員を保管していてもその弁護士が代理人を解任されてしまえば当該弁護士は預り金を相続人本人に返還するしかありません。預り金が相続人代理人弁護士名義の預金口座に入金されている場合、当該口座は当該相続人のものとして扱われますので、前述の定期預金と同じ問題が生じます。そのため、これらの方法も支払の担保としては完全ではありません。

　次に、審判の場合には、審判前の保全処分により、代償金の支払義務を負うことになるであろう相続人の財産を仮差押えをすることで、代償金の支払を担保する方法があります。仮差押えの要件は、まず、本案審判が係属していること、並びに、本案審判の認容の蓋然性（具体的には、ある相続人が遺産を取得し、申立人が当該相続人に対して代償金支払請求権を取得する蓋然性が高いこと）及び保全の必要性（具体的には、当該相続人の代償金支払の意思や能力に疑問があること）です。ただし、仮差押えは、預金に関する証拠等により支払能力の確認がされているケースでは保全の必要性の要件の充足の点でハードルが高くなります。また、仮差押えのためには担保金を供託する必要があり、一時的とはいえ担保金のため多額のキャッシュが必要となりますので、仮差押えの実施はためらわれる場合が多いでしょう。

3　代償金の支払と共有持分移転登記手続を同時履行とする方法
　ところが、審判や調停に先立ち、法定相続分どおりの共同相続登記を具備した上であれば、代償金の支払と共有持分移転登記手続を同時履行とすることでの対処が可能です（上記最判平10・2・27及び下記《参考

第6章　遺産分割　　207

となる判例》最判平11・4・22の各補足意見）。なお、法定相続分どおりの共
同相続登記は、共同相続人の1人が相続人全員のために単独申請をす
ることができます。

　この場合、土地を取得した相続人は、代償金支払又はその提供をし
たことの証明書（弁済供託の証明等）を添付して執行分付与の申立て
を行い、その付与を得て、共有持分移転登記につき単独登記申請をす
ることになります。

　ただ、この場合、法定相続分どおりの共同相続登記を具備する上で
登録免許税等の登記費用が必要です。土地の固定資産評価額が高額と
なる場合は、その負担に留意しなければなりません。

　また、共有相続分どおりの共同相続登記をする場合、他の相続人に
無断で行うとその感情をいたずらに刺激し、その後の審理の進行に悪
い影響を与えるおそれがありますから、事前に裁判所及び当事者間で
事前に協議、調整した上で実施することが望ましいところです。代償
分割を命じる場合には現物取得者に代償金の支払能力があることが前
提となりますので、その支払を確実とするための協議、調整は比較的
容易といえるでしょう。

《参考となる判例》
○いわゆる全面的価格賠償の方法により共有物を分割することの許される
　特段の事情の存否について審理判断することなく競売による分割をすべ
　きものとした判断に違法があるとされた。（最判平8・10・31判タ931・142）
○全面的価格賠償による分割を希望しており、土地の価格が適正に評価さ
　れており、共有者に対する持分価格の賠償が困難とはいえない場合には
　全面的価格賠償の方法による分割が許される。（最判平8・10・31判タ931・144）
○他の共有者に対する賠償金の支払能力を確定することなく直ちに全面的
　価格賠償の方法を採用して単独所有とすると共に他の共有者への持分価
　格の賠償を命じることとした判断に違法があるとされた。（最判平8・10・31

判タ931・148)

○全面的価格賠償の方法により共有物を分割することの許される特段の事情の存否について、審理判断することなく、直ちに競売による分割をすべきものとした判断は違法である。(最判平9・4・25判タ946・169)

○共有に係る土地及び借地権につきいわゆる全面的価格賠償の方法による分割を命じ、土地の持分につき他の持分権者に対する所有権移転登記手続請求を認定すべきとした。(最判平11・4・22判タ1002・114)

（藤井　伸介）

第6章 遺産分割

【65】 父の遺産分割における不公平を母の遺産分割で考慮できるのか？

父が亡くなり、相続人である母、長男、長女、二女が遺産分割協議をしている。長男は、今回の遺産分割では、不動産は母が住んでいるので母が取得し、家業を継ぐ自分が不動産以外の全財産を取得したいと言っている。家を出た長女と二女は、将来、母の相続が生じたときには、母が住んでいる不動産を長女と二女が取得する旨約束してくれるのであれば、今回は長男の提案どおりの分割をしても構わないと考えている。このような約束は、母の相続の際に考慮されるか。

| POINT | ・父の遺産分割時にした将来の母の遺産分割に関する約束の効力
・父の遺産分割時の約束をできる限り確実に実現させるための方法とその限界 |

| 誤認例 | 父の遺産分割時に、今回の不公平は将来の母の相続の際に解消するという約束をしておけば、そのような約束があったことは、当然に母の相続の際に考慮される。 |

| 本当は | 父の相続と母の相続は別事件であるので、父の遺産分割の不公平を母の相続の際に解消するという約束が、当然に母の相続の際に考慮されるとは限らない。 |

解　説

　本事例のように、父の遺産分割で長男が多く取得したが、その代わり
母の遺産分割時に他の兄弟姉妹が多く取得すると約束して、両親の相
続全体で辻褄を合わせようとする事例は意外に多く見受けられます。

　しかし、このような約束があったとしても、母が何も遺言を残して
いないと、母の遺産分割の際に、長男から父の相続と母の相続は別事
件であるから、そのような約束は法的には何の関係もないと主張され、
遺産分割協議ないし調停がまとまらないということが起こりかねませ
ん。審判でこのような約束を実現するのも困難です。

　また、長女と二女に全部相続させるという内容の母の遺言があった
としても、長男が遺留分減殺請求権を行使する可能性もあります。

　そこで、父の遺産分割の際の約束を母の相続の際にできる限り確実
に実現させるためには、まず、①父の遺産分割協議書において、当該
約束が将来発生する母の相続の際に実現されることを条件としている
ことを明文化しておき、母の相続の際に約束が実現しない場合には、
父の遺産分割協議を解除ないし錯誤無効とする余地を残しておくこと
が考えられます。

　なお、錯誤無効（民95）は、改正民法（債権法）では、「取り消すこと
ができる」となります（改正民（債権）95）。

　また、②母にその旨の遺言を作成してもらう必要があります。でき
れば父の遺産分割協議ないし調停の成立までに作成してもらう方がよ
いでしょう。本事例のように、母から長女及び二女へ承継されるべき
財産が特定されている場合には、遺言を作成してもらう代わりに、死
因贈与契約（民554）を締結しておく方法もあります。

　場合によっては、③長男に遺留分放棄の手続（民1043①、家事39・別表
1百十・216①二）を執ってもらう必要もあります。

　もっとも、母が一旦約束に沿った遺言を作成したとしても、その後

第6章　遺産分割　　211

遺言が撤回された場合には、約束が実現されない可能性があります（民1022・1023）。死因贈与契約を締結しておく方法も、その後の遺言によって撤回可能であるという判例（東京地判平22・2・18（平20（ワ）14518）、東京地判平26・6・5（平23（ワ）41551・平24（ワ）24274・平24（ワ）29476・平24（ワ）29481））もあるので、必ずしも確実とはいえません。また、長男が遺留分放棄の手続を執ったとしても、後に事情変更による遺留分放棄の許可審判の取消し（家事78（家事審判法7、非訟事件手続法19））が認められることもあり得ます（ただし、《参考となる判例》の東京高決昭58・9・5判時1094・33、東京家審平2・2・13家月42・6・55等を参照）。したがって、本事例のような約束が実現されることを安易に期待するべきではありません。

《参考となる判例》
○死因贈与契約に対しては、遺贈に関する規定が準用されるものであり（民法554条）、遺言は、いつでもその撤回が可能なものであるところ（民法1022条）、死因贈与契約もまた、贈与者の死後の財産に関する処分を行うものであって、これについては贈与者の最終意思を尊重するのが相当であるから、撤回の方式（遺言の撤回は遺言の方式によって行う）に関する部分を除き、前記遺言の規定が準用される。したがって、死因贈与契約は、原則としてこれを贈与者のみの意思をもって撤回することが可能というべきである。ただし、純然なる単独行為である遺贈の場合と異なり、死因贈与契約は、受贈者との契約によって成立するものであるから、贈与者の死後の財産処分につき、贈与者自身の最終意思を尊重する必要があるとはいっても、受贈者の取得する条件付き権利について、これを保護すべき正当な事由がある場合にまで、贈与者にその自由な撤回を許すべきであるとは認めがたく、当該契約に至った個別的事情を勘案し、契約締結の動機や背景、これらに照らして、当該死因贈与契約が実質的な負担付死因贈与と評価し得るような事情があるか否か、そして実質的な負担付贈与と解し得るような場合には、当該負担の履行の有無、程度や、

負担の価値、またこれに対する贈与財産の価値との比較、贈与者が死因贈与契約撤回を決めた事情、契約当事者やその利害関係者との身分関係その他の生活関係等に照らして、死因贈与契約を撤回することが不当であると認められる場合には、これを撤回することは許されないというべきである。（東京地判平22・2・18（平20（ワ）14518））

○相続の開始前における遺留分の放棄についての家庭裁判所の許可の審判は、遺留分権利者の真意を確認すると共に、遺留分放棄の合理性、相当性を確保するために家庭裁判所の後見的指導的な作用として合目的性の見地から具体的事情に応じて行われるものであるから、家庭裁判所は、一旦遺留分の事前放棄を許可する審判をした場合であっても、事情の変更によりその審判を存続させておくのが不適当と認められるに至ったときは、これを取り消し、又は変更することが許されるものである。しかしながら、他面、遺留分の事前放棄の許可の審判も、諸般の事情を考慮した上、公権的作用として法律関係の安定を目指すものであるから、遺留分放棄者の恣意によりみだりにその取消し、変更を許すべきものでないことはもとよりである。したがって、遺留分放棄を許可する審判を取り消し、又は変更することが許される事情の変更は、遺留分放棄の合理性、相当性を裏づけていた事情が変化し、これにより遺留分放棄の状態を存続させることが客観的にみて不合理、不相当と認められるに至った場合でなければならないと解すべきである。（東京高決昭58・9・5判時1094・33）

○非訟事件手続法19条による裁判の取消しは、裁判がその当初から不当であった場合のほか、その後の事情変更によって不当となった場合にも可能であると解される。しかし、審判後の事情変更による遺留分放棄許可審判の取消しは、遺留分の事前放棄制度の趣旨に照らし、遺留分放棄の前提となった事情が著しく変化し、その結果放棄を維持することが明らかに著しく不当になった場合に限られるべきである。（東京家審平2・2・13家月42・6・55）

○（父の相続に当たり子〔控訴人〕が母から法定相続分を譲り受けて遺産分割をした後、母の相続開始による遺産分割において、他の子〔被控訴人〕が、右相続分の譲受は特別受益に当たるとして遺留分減殺請求をした事案において）被相続人母から控訴人に対する相続分の譲渡によって、積極財産と消極財産とを包括した遺産全体に対する譲渡人（被相続人母）

の割合的な持分が譲受人（控訴人）に移転し、控訴人は、これによって増加した相続分を前提に遺産分割を請求し、参加できることとなったのであるから、相続分の譲渡は財産的価値を有し、民法549条所定の財産に該当するといえる。そして、本件相続分譲渡は無償でされたから、これは同条の贈与に該当すると認められる。また、本件相続分譲渡の目的は、総額9,057万1,787円の亡父の遺産の2分の1に当たる持分であるから、相当高額な贈与であって民法903条所定の生計の資本としての贈与に該当する。以上によれは、本件相続分譲渡は、生計の資本としての贈与として特別受益に該当し、民法1044条により遺留分算定の基礎となり、遺留分減殺の対象となる贈与と認められる。（東京高判平29・7・6判時2370・31）

（田村　義史）

【66】 代償分割を希望する場合の落とし穴

　被相続人Ａの遺産分割調停手続において、相続人である長男Ｂは、唯一の遺産である不動産にＡと共に長年居住してきたことから、その取得を希望しているが、これを売却して代金を分配すべしとする二男Ｃとの間で交渉が難航している。そこで、Ｂは審判手続に移行した上で、審判によって解決することを考えているが、代償分割は認められるか。

| POINT | ・代償分割という方法は希望すれば認めてもらえるのか |

| 誤認例 | 遺産分割審判において、Ｂが不動産の取得を強く希望すれば代償分割が命じられる可能性が高い。 |

| 本当は | Ｂに代償金を支払うだけの資力が証明できなければ、換価分割とされる可能性が高い。 |

解　説

1　不動産の分割方法

　遺産たる不動産の分割方法としては、①土地又は建物の一部を分筆、区分して分割する「現物分割」、②不動産を売却して代金を分配する「換価分割」、③一部の相続人に不動産を取得させた上、他の相続人に代償金の支払を命じる「代償分割」があります。

2 代償分割が認められる場合

　遺産分割の一般論としては、できる限り現物を相続人に受け継がせることが望ましいことから、現物分割が遺産分割の原則的方法とされ（最判昭30・5・31判時53・14）、法文上も、代償分割が認められるためには、「特別な事情」がある場合に限って現物分割に代えることができるとされています（家事195）。

　もっとも、不動産の場合、その性質上、現物分割が不可能であったり、可能であったとしてもその価値を著しく損なうことが多いことから、むしろ、代償分割や換価分割が行われることの方が一般的かと思われますが、最高裁平成12年9月7日決定（家月54・6・66）は、不動産について代償分割が認められるための「特別の事由」（家事審判規則109）として、不動産を取得する相続人に代償金の支払能力があることを要すると解すべきであるとしています。そして、家事事件手続法でも代償分割には「特別の事情」が必要とされていますので（家事195）、上記最高裁決定は現行法の下でも妥当するものと解されます。

　したがって、本事例でもBに支払能力がなければ、代償分割を行うことは難しく、しかも、代償金の支払は、公平の観点から即時になされることが原則とされ、分割や猶予が認められない場合もあり、そのため代償金が非常に高額になる場合には、預貯金の残高証明書や預貯金通帳の写しなどで支払能力の証明を求められたり、代償金を銀行融資によって工面するのであれば銀行支店長名義の融資証明書、不動産を売却して資金を調達するのであれば買主の買付証明書を要求されることもあるのが現在の裁判実務ですので、注意が必要です。

　そして、Bが代償金の支払能力を証明できなかった場合には、現物分割も代償分割も困難ということになり、結局、残された遺産分割方法としては換価分割ということになってしまいますので、最悪の場合、

Bは、審判手続に移行した場合には、換価分割を命じられることによって長年居住してきた不動産を明け渡さざるを得ない可能性も高いことを覚悟する必要があるといえます。

（塩田　慶）

第6章 遺産分割

【67】 換価分割の場合の諸費用や税金は誰がどのように負担するのか？

相続人全員で遺産分割を進めているが、遺産の中に現金・預貯金があまりなく、特定の不動産を売却し、代金を各相続人に対し配分することで調整しようと考えている。そこで、相続人全員が共有の状態のまま不動産を売却し代金を分配する方法（換価分割）により合意をする場合、留意点としてどのようなことがあるか。

POINT	・遺産の売却代金は本来、遺産分割の対象外 ・遺産の売却に伴い登記費用、測量費用、仲介手数料、所得税・住民税などが発生するので、それらの負担を意識した合意をする必要がある ・換価分割による譲渡所得税、住民税などの課税を意識した合意をする必要がある

誤認例	相続人間では、遺産分割協議や調停の内容として、最小限、不動産の売却方法及び各自への代金分配額を合意すれば足りる。

本当は	遺産分割協議や調停の条項には、不動産の売却代金を遺産分割の対象とする旨を明記した上、売買に伴い発生する諸費用・譲渡所得税等の税金についても、具体的に、誰が負担するのかを明確に定めるべきである。

218　　　　　　　　　　第6章　遺産分割

解　説

1　遺産の売却代金

　遺産の売却代金は、原則として遺産分割の対象から外れます。

　遺産分割の対象となるのは、相続開始時に存在し、かつ、分割時にも存在する未分割の遺産です。相続開始時に存在した遺産が分割時には存在しないときは、遺産分割の対象とはなりません。

　したがって、当事者全員の合意により換価分割の方法を採る場合には、他に売却した遺産及びその売却代金は、原則として遺産分割の対象から除外されます（最判昭52・9・19裁判集民121・247、最判昭54・2・22裁判集民126・129）。

　そのため、相続人間では、換価代金から諸費用や税金を控除した代金を分割対象とする旨を、合意書、調停であれば期日調書、調停条項等で明確化しておくべきです。

2　遺産の売却に伴い発生する諸費用の負担

　不動産を売却するに当たり、例えば、相続登記・売買を原因とする所有権移転登記に必要な登録免許税・司法書士費用等登記費用、測量費用、仲介手数料、印紙税などの諸費用が発生します。

　当該売買において、これらの費用のうち具体的に何が発生するのかを事前に把握し、それを誰が負担するのかを、合意書や期日調書、調停条項により明確に定めておくことが、後日の紛争を防ぐことになると思われます。

3　譲渡所得税等の税金の負担

　換価分割の場合には、各相続人が相続財産を取得した上、自己の持分を他の相続人と共に第三者に売却したものと解され、譲渡所得税や

第6章　遺産分割　　219

住民税等の課税が行われます。

　したがって、遺産分割協議や調停では、課税についても十分意識して合意するべきです。

　調停の場合には、譲渡所得税等の課税について、裁判所が必ずしも積極的に配慮するとは限らず、当事者である各相続人が自らの課税負担を具体的に調査検討の上で、調停条項、期日調書や調停外の合意書等を作成することが望まれます。

　また、調停が不成立となり審判に移行した場合、裁判所は、不動産の評価額からその売却によって生じる譲渡所得税等相当額を考慮することはしません。

　　　　　　　　　　　　　　　　　　　　　　　（川合　清文）

【68】 代償分割の場合の代償金は税務上取得費として認められるのか？

相続人の一人が、一旦不動産を取得し、他の相続人に対して代償金支払義務を負担し、後に不動産を売却して代金の中から代償金を支払うという方法を採る場合、将来、その不動産を売却したとき発生する譲渡所得税の計算に際し、代償金は取得費として認められるか。

POINT
- 譲渡所得の計算の根拠は所得税法の規定
- 代償分割で取得した財産を譲渡する際、代償金を取得費に算入できないとするのが判例
- 代償分割で財産を取得する相続人が合意に当たり考慮すべき、将来の財産売却時の譲渡所得税

誤認例：代償分割は共同相続人間での相続分の一種の売買契約であり、相続人の一人は、他の相続人から、代償金を支払って不動産を買い取ったことになるから、将来、その不動産を譲渡した際の譲渡所得の金額を計算する場合には、代償金は取得費として認められる。

本当は：相続人の一人は、代償分割により、不動産を相続開始時に遡り単独相続するのであり、他の相続人からその共有持分の譲渡を受けたものではなく、将来、その不動産を

第6章　遺産分割　　221

譲渡した際の譲渡所得の金額を計算する場合には、代償
金は取得費として認められない。

解　　説

1　譲渡所得の計算に関する法律の規定

　譲渡所得の課税は、資産の値上がりによる増加益に対し、当該資産
が他に移転するのを機会に行われるものです。

　所得金額の計算について、所得税法は、資産譲渡による総収入金額
から資産の取得費（資産の取得に要した金額並びに設備費及び改良費
の合計額）を控除して上記増加益を算出すべきものと定めています（所
税33③・38①）。

　そして、贈与、相続（限定承認を除きます。）又は遺贈（包括遺贈の
うち限定承認に係るものを除きます。）により資産を取得した者が、当
該資産を譲渡した場合には、その取得者が資産を他に譲渡した際に、
当該資産をその取得前から引き続き所有していたものとして、譲渡所
得の金額を計算するものとされています（所税59①一・60①一）。

　上記の規定は、贈与や、相続・遺贈のような場合には、譲渡による
資産の増加益が具体的に顕在化しないため、この場合には、その取得
者が取得前から引き続きこれを所有していたものとみなすこととし、
当該資産が転売されるなどして最終的にその増加益が顕在化した時点
でこれを補足し、課税しようとしたものと解されます。

2　代償分割により取得した財産を譲渡する際、代償金を取得費に算入することができるか否か

　共同相続人は、相続の開始と同時に、各自の相続分に応じて遺産全

体及びこれを構成する各財産について共有持分を取得します。そのため、代償分割により、他の相続人に代償金を支払って遺産の全部を取得した相続人は、一見、他の相続人の持分を有償で取得したかのようにも思われます。

　しかし、遺産共有は、遺産分割により各相続人が確定的に各資産を取得するまでの暫定的観念的なものにすぎず、早期にこれを解消することが予定されています。その上、遺産分割の効果は、相続開始時に遡りますから（民909）、代償分割で不動産を取得した相続人は、相続開始時から当該不動産を取得することになります。

　したがって、代償分割により取得した不動産は、所得税法60条1項1号の「相続」により取得した財産に該当するものとされます。

　そこで、代償分割により不動産を取得した相続人が、その後これを他に売却したときの譲渡所得の計算に当たっては、相続前から引き続き所有していたものとして取得費を考えることになり、結論として、他の相続人に交付した代償金を、当該不動産の取得費に算入することはできません（最判平6・9・13判タ867・154）。

3　代償分割を行う場合の遺産分割協議・調停における留意点

　上記2のとおり、代償分割において不動産を取得する相続人が支払う代償金は、将来当該不動産を譲渡する際に取得費として算入することができません。

　そこで、代償分割により不動産を取得する相続人は、将来当該不動産を売却するときに発生する譲渡所得税を考慮して遺産分割協議・調停の条項を定めることが肝要と思われます。例えば、不動産の評価額から譲渡所得税の概算額を控除した額を、不動産の実質評価とすることを前提に、条項内容を定めることなどが考えられます。

第6章　遺産分割　　223

《参考となる判例》

○前掲最高裁平成6年9月13日判決の原々審（鳥取地判平5・9・7金判961・24）、同
　原審（広島高松江支判平6・2・25金判961・22）

○所得税更正処分取消訴訟で、代償分割を内容とする遺産分割協議書につ
　いて、納税者が、実体は換価分割としての合意が成立したと主張したが、
　排斥された事例（東京高判平7・1・30税資208・143）

○所得税更正処分等取消訴訟で、調停での遺産分割の合意について、納税
　者が、代償分割ではなく実質的に換価分割であると主張したが、斥けら
　れ、代償分割であると認定された事例（東京高判平9・7・16税資228・69）

（川合　清文）

【69】 代償分割の場合の代償金を裁判所が定める際、譲渡所得税はどのように考慮されるのか？

家庭裁判所で遺産分割の調停から審判に移行し、代償金の支払を命じる審判がなされる場合、譲渡取得税を考慮した上で代償金が定められるのか。

POINT	・代償分割で不動産を取得した相続人のみが、後に譲渡所得税を負う不公平が生じ得る ・審判では、代償金額の算定の際に譲渡所得税を考慮しないのが原則

誤認例	審判で、不動産の売却により発生する譲渡所得税は当然考慮してもらえる。

本当は	審判では、将来の不動産売却により発生する譲渡所得税を考慮しないのが原則である。ただし、①不動産の評価額から譲渡所得税相当額を控除すること、②控除すべき具体的金額が、当事者間で合意されている場合には考慮するという見解がある。

解　説

1　代償分割における課税上の不公平の可能性

相続人の一人が、一旦不動産を取得し他の相続人に対する代償金支

払義務を負担し、後に不動産を売却して代金の中から代償金を支払う、という内容の審判がなされる場合、不動産を取得した相続人のみが、後に譲渡所得税を負担する不公平が生じる可能性があります。

2　上記の不公平を審判で防止することができるか

審判において、上記の不公平を防ぐために、不動産を取得する相続人が支払う代償金額を算定する際に、不動産評価額から将来発生の見込まれる譲渡所得税を控除することは可能かが議論されています。

この点、譲渡所得税額をあらかじめ確定することは困難であること、不動産が必ずしも売却できるとは限らず、不動産を取得した相続人がこれを売却しないまま保有し続けた場合、かえって不公平が生じることから、審判では、代償金額の算定の際に譲渡所得税を考慮しないのが原則です。

ただし、①不動産の評価額から譲渡所得税相当額を控除すること、②控除すべき具体的金額が、当事者間で合意されている場合には認められるとする見解があります（上原裕之＝髙山浩平＝長秀之『リーガル・プログレッシブ・シリーズ10　遺産分割〔改訂版〕』410頁（青林書院、2014））。実際の事案では、審判移行した事件で上記①、②の合意が得られる場合は、限られてくるのではないかと思われます。

（川合　清文）

【70】 遺言と異なる遺産分割はできるのか？

　父が、「自宅の土地建物や軽井沢の別荘も含め不動産全部を長男に相続させる。金融資産については、二男と長女に等分の割合で相続させる。動産その他一切の財産は長男に相続させる。」との遺言書を残して死亡した。長男としては、相続人3名全員平等にしたいが、遺言と異なる遺産分割協議をしても差し支えないか。登記をするときに、何か不都合は生じないか。

POINT	・相続させる旨の遺言には、即時権利移転の効力あり ・一旦遺言に基づく登記をし、「贈与」などを原因として持分移転登記手続をする必要がある、相続させる旨の遺言と異なる合意 ・贈与税が課税される可能性があり注意が必要な分配金

誤認例	遺言と異なる合意をした場合、合意に沿った分割をしても、誰も文句を言う者はいないので、その合意を無効ということはできない。

本当は	相続させる旨の遺言と異なる合意をした場合、例えば土地建物を3人の共有にする場合には、一旦遺言に基づく登記をし、その後、「贈与」などを原因として持分移転登記手続をしなければならない。売却して代金を分配する場合は、遺言に基づく登記をして売却し、その後、売却

第6章　遺産分割　　227

代金を分配するが、その分配金には贈与税が課税される可能性があるから、注意が必要である。

解　説

「相続させる旨の遺言」の効力について、最高裁平成3年4月19日判決（判時1384・24）は、特定の物件を特定の相続人に相続させる旨の遺言については、相続により即時権利移転の効力が生ずると判示していますので、受益の相続人が相続放棄申述申立てをしない限り、権利移転の効力を否定することはできず、当該遺言に基づく所有権移転登記をせざるを得ません。

その後、その権利移転を前提として贈与あるいは交換の合意をするのであれば、その合意は有効です。しかし、その合意は、「遺産分割協議」ではあり得ませんし、「分割合意」と表現できる性質のものではありません。

仮に、遺言書を登記所に提出せず、遺言と異なる内容の遺産分割協議書のみを提出して、遺言と異なる「相続登記」をすると、形式的には、公正証書原本不実記載等罪（刑法157①）を構成することになりかねませんので、注意が必要です。

なお、国税庁は、民法907条を根拠に、贈与とはならないものと考えているようです（国税庁タックスアンサーNo.4176）が、一旦遺言に基づく登記を経由した場合においても贈与とならないとするのかは定かではありません。

《参考となる判例》
○遺言による分割方法の指定のある土地持分について、指定のない財産に

ついての遺産分割協議と共に指定土地持分について遺言によって取得した取得分を相続人間で贈与ないし交換的に譲渡する旨を合意したものと解するのが相当な場合には、その合意については遺産分割協議としては無効ではあっても、また遺言執行者の意思に反していたとしても、遺言による取得分についての贈与又は交換といえるから、有効な合意といえる。（東京地判平13・6・28判タ1086・279）

○最高裁平成3年4月19日判決の判示内容を前提として、本件遺言は、Aの特定の遺産を特定の相続人らに相続させる趣旨の遺言であり、遺産分割の方法を定めたものである（なお、上記特段の事情はない。）から、Aの遺産は、本件遺言及びこれを実質的に一部変更したものである本件死因贈与の内容に従い、Aの死亡の時に直ちに上記相続人らに相続されることになる。したがって、これと異なる遺産分割の方法を定めた本件遺産分割協議書による遺産分割協議は、相続人らの錯誤の有無等を検討するまでもなく、無効というべきである。（東京地判平26・8・25（平23（ワ）15618））

○遺言執行者としては、被相続人の意思に従って権利関係の実現に努めるべきであって相続人間において遺言内容に反する合意をなし、遺言内容の実現を妨げるときは、その妨害を排除するのが遺言執行者の任務であり、遺産分割の合意をなした相続人が遺言執行者を兼ねていたとしても、遺産分割合意の存在は遺言執行者の遺言実現のための訴えに対する抗弁としては失当である。（大阪地判平6・11・7判タ925・245）

（藤井　伸介）

第 7 章

寄与分・特別受益

230

第7章 寄与分・特別受益　231

【71】 特別受益と寄与分が問題となる場合の対象財産評価の落とし穴

遺産分割の審判で、特別受益や寄与分があると主張しており、遺産評価に関し鑑定が行われるが、家庭裁判所での鑑定に当たり留意すべき点はあるか。

| POINT | ・特別受益・寄与分が認められる場合の具体的相続分の評価の基準時は、相続開始時
・現実の分割における評価の基準時は、分割時
・特別受益・寄与分を主張する場合には相続開始時と鑑定現在時との2時点での評価が必要 |

| 誤認例 | 鑑定現在時（分割時）の評価だけをしておけばよい。 |

| 本当は | 相続開始時と鑑定現在時（分割時）の2時点の評価を立証しておく必要がある。 |

解　説

1 特別受益・寄与分が認められる場合の具体的相続分の評価の基準時

特別受益・寄与分が認められる場合の具体的相続分の評価の基準時は、相続開始時です。

遺産分割において、特別受益や寄与分が認められる場合には、被相

続人が相続開始時に有していた財産の価額に、特別受益としての遺贈、贈与の価額を加算し、寄与分の価額を控除し、みなし相続財産を確定します。その上で、各相続人の法定又は指定の相続分を、特別受益や寄与分で修正し、具体的相続分（割合）を算出します（民903・904の2）。

このように算出された具体的相続分（割合）に遺産総額を乗じて、各相続人の具体的相続分に相当する金額を計算し、具体的相続分の金額に応じ遺産の配分（各相続人に対する割付）をします。具体的相続分の評価の基準時は、相続開始時とするのが通説です。同旨判例もあります（広島高決平5・6・8家月46・6・43）。

2 現実の分割における評価の基準時

現実の分割における評価の基準時は、分割時です。

すなわち、現実の遺産分割がなされるまでに相続開始時から相当経過しており、その間に遺産の価値が変動している場合があり、現実の分割における遺産評価の基準時は、分割時とする（合理性、公平の見地から）のが通説であり、相当数の同旨審判例・判例がみられます（名古屋高金沢支決昭51・9・14家月29・4・126、新潟家審昭34・6・3家月11・8・103等）。

なお、家庭裁判所における遺産の評価に関する鑑定は、調停成立や審判が近く見込まれる時点で実施され、鑑定時の評価額をもって、調停・審判による分割の際の評価額と扱われることが一般です。

3 特別受益・寄与分を主張する場合の2時点評価の必要性

したがって、特別受益や寄与分を主張する当事者は、遺産の評価に関する鑑定が行われる場合には、相続開始時と鑑定現在時との2時点での評価がなされるよう裁判所、鑑定人に求めなければなりません。

（川合　清文）

第7章 寄与分・特別受益

【72】 生命保険金は特別受益とならないのか？

　父が生前、①父を被保険者、母を保険金受取人とする生命保険と、②父を被保険者、長男を保険金受取人とする生命保険をかけていたところ、父が死亡し、母と長男がそれぞれ保険金を受け取った。相続人は、母、長男、長女、二女の4名である。
　母や長男が受け取った生命保険金は、特別受益に当たらないか。

| POINT | ・特段の事情が認められる場合は生命保険金も持戻しの対象となる
・特段の事情とは例えばどのような事情か？ |

| 誤認例 | 生命保険金も基本的に特別受益に当たり、持戻しの対象となる。 |

| 本当は | 原則として特別受益に当たらないが、著しく不公平な結果となる特段の事情が認められる場合には、特別受益に準じて持戻しの対象となる。 |

解　説

1　最高裁平成16年10月29日決定

　被相続人を被保険者、共同相続人の1人を受取人とする生命保険金について、従来の最高裁判例は、遺産性を否定し（最判昭40・2・2判時404・

52)、生命保険金の受取人の変更を対象とする遺留分減殺を否定しています（最判平14・11・5判時1804・17）。

　ところが、最高裁平成16年10月29日決定（判時1884・41）は、「保険金受取人である相続人とその他の共同相続人との間に生ずる不公平が民法903条の趣旨に照らし到底是認することができないほどに著しいものであると評価すべき特段の事情が存する場合には、同条の類推適用により、当該死亡保険金請求権は特別受益に準じて持戻しの対象となると解するのが相当である。上記特段の事情の有無については、保険金の額、この額の遺産の総額に対する比率のほか、同居の有無、被相続人の介護等に対する貢献の度合いなどの保険金受取人である相続人及び他の共同相続人と被相続人との関係、各相続人の生活実態等の諸般の事情を総合考慮して判断すべきである。」として、相続人を受取人とする保険金請求権につき、特別受益に準じて持戻しの対象となる余地を認めました。

　この最高裁平成16年決定後、生命保険金も基本的に特別受益に当たり、持戻しの対象となると理解する論者もいるようです。

　しかし、従前から保険金が特別受益と認められる場合はかなり限定的に解されており、ただし、特別の場合には特別受益であることを全く認めないというわけでもないというのが多くの裁判官の考え方でした。本決定も、保険金は特別受益には当たらず、原則として持戻しの対象とはならないが、著しく不公平な結果となるような特段の事情がある場合には例外的に特別受益に準じて持戻しの対象となるということですので、従来の実務とさほど変わらないものと思われます。

2　特段の事情の判断要素

　最高裁平成16年決定は、特別受益そのものではないが、特段の事情のある場合には、それに類似する判断をしてよいとし、その判断要素

として「保険金の額、この額の遺産の総額に対する比率のほか、同居の有無、被相続人の介護等に対する貢献の度合いなどの保険金受取人である相続人及び他の共同相続人と被相続人との関係、各相続人の生活実態等の諸般の事情」を挙げています。

　これらの判断要素のうち、保険金の額がかなり大きなウエイトを占めるものと思われます。例えば300万円しか遺産がないときに、1,000万円が生命保険に消えたということであれば、さすがに注目せざるを得ません。

　また、受取人たる相続人と被相続人の関係も重要です。例えば、同じ1,000万円の生命保険金であっても、これを配偶者が受け取る場合は特段の事情ありとは判断されにくいのに対し、死亡直前に保険料を一時払にして子の1人を受取人にしたとなると特段の事情ありという判断に結びつきやすいものと思われます。もっとも、その子が障害を抱えていて将来の生活が困難であろうという生活実態がある場合には、特段の事情ありとして持戻しの対象とする必要はないかもしれません。

3　下級審判例

　東京高裁平成17年10月27日決定（家月58・5・94）は、遺産総額が1億134万円、抗告人が受領した生命保険金の額が合計1億129万円に及ぶ事案で、上記最高裁平成16年決定を引用した上で、抗告人は遺産総額に匹敵する巨額の利益を得ており、受取人の変更がなされた時期やその当時抗告人が被相続人と同居しておらず、被相続人夫婦の扶養や療養介護を託するといった明確な意図のもとに上記変更がなされたと認めることも困難であることなどからすると、上記最高裁平成16年決定のいう特段の事情が存することは明らかというべきであるから、抗告人が受け取った死亡保険金は特別受益に準じて持戻しの対象となると

判示しました。

　また、名古屋高裁平成18年3月27日決定（家月58・10・66）も、遺産総額約8,423万円、被相続人である妻（申立人）が取得する死亡保険金等が約5,154万円、他の相続人として先妻との間の子2名がいる事案で、上記最高裁平成16年決定を引用した上で、死亡保険金等の合計額がかなり高額であること、この額は本件遺産の相続開始時の価額の約61％、遺産分割時の価額の約77％を占めること、被相続人と申立人との婚姻期間は3年5か月程度であることなどを総合的に考慮すると、上記最高裁平成16年決定のいう特段の事情が存するものとして、民法903条の類推適用により死亡保険金等を持戻しの対象としました。

　他方、大阪家裁堺支部平成18年3月22日審判（家月58・10・84）は、遺産総額約6,964万円、相続人4名（いずれも被相続人の子）、二男が受領した死亡保険金が合計約429万円の事案で、二男が受領した死亡保険金は被相続人の相続財産の6％余りにすぎないことや、二男は、長年被相続人と生活を共にし、入通院時の世話をしていたことなどの事情に鑑みると、保険金受取人である二男と他の相続人との間に生ずる不公平が民法903条の趣旨に照らして到底是認することができないほどに著しいものであると評価すべき特段の事情が存在するとは認め難いとしました。

4　まとめ

　本事例においても、母や長男が受け取った生命保険金は、特別受益には当たらず、原則として持戻しの対象とはなりませんが、上記最高裁平成16年決定のいう特段の事情が認められる場合には、特別受益に準ずるものとして持戻しの対象となります。

第7章　寄与分・特別受益　　237

《参考となる判例》

○抗告人が生命保険により受領した保険金額は合計1億129万円（1万円未満
　切捨）に及び、遺産の総額（相続開始時評価額1億134万円）に匹敵する巨
　額の利益を得ており、受取人の変更がなされた時期やその当時抗告人が
　被相続人と同居しておらず、被相続人夫婦の扶養や療養介護を託すると
　いった明確な意図のもとに上記変更がなされたと認めることも困難であ
　ることからすると、一件記録から認められる、それぞれが上記生命保険
　金とは別に各保険金額1,000万円の生命保険契約につき死亡保険金を受
　取人として受領したことやそれぞれの生活実態及び被相続人との関係の
　推移を総合考慮しても、最高裁平成16年10月29日決定のいう特段の事情
　が存することが明らかというべきであるとして、生命保険について抗告
　人が受け取った死亡保険金額の合計1億129万円（1万円未満切捨）は抗告
　人の特別受益に準じて持戻しの対象となるとした事例（東京高決平17・10・
　27家月58・5・94）

○死亡保険金等の合計額は5,154万864円とかなり高額であること、この額
　は本件遺産の相続開始時の価額の約61％、遺産分割時の価額の約77％を
　占めること、被相続人と申立人との婚姻期間は3年5か月程度であること
　などを総合的に考慮すると最高裁平成16年10月29日決定のいう特段の事
　情が存するものというべきであり、上記死亡保険金等は民法903条の類推
　適用により持戻しの対象となると解するのが相当であるとした事例（名古
　屋高決平18・3・27家月58・10・66）

○簡易保険契約に基づき保険金受取人とされた相続人が取得する死亡保険
　金請求権又はこれを行使して取得した死亡保険金は、民法903条1項に規
　定する遺贈又は贈与に係る財産に当たらないと解するのが相当である
　し、相手方Bが受領した死亡保険金は合計428万9,134円であるところ、
　これは被相続人の相続財産の額6,963万8,389円の6％余りにすぎないこ
　とや、相手方Bは、長年被相続人と生活を共にし、入通院時の世話をして
　いたことなどの事情にかんがみると、保険金受取人である相手方Bと他
　の相続人との間に生ずる不公平が民法903条の趣旨に照らして到底是認
　することができないほどに著しいものであると評価すべき特段の事情が
　存在するとは認め難いから、同条の類推適用によって、相手方Bの受領

した上記死亡保険金428万9,134円を、特別受益に準じて持戻しの対象とすべきであるとはいえないとした事例（大阪家堺支審平18・3・22家月58・10・84）

（田村　義史）

第7章　寄与分・特別受益

【73】 特別受益は持戻しが原則なのか？

民法903条は1項で特別受益の持戻しについて定め、3項で被相続人による持戻し免除の意思表示の効力について定めているが、実務上、特別受益の持戻し免除はどの程度認められているのか。

| POINT | ・特別受益の持戻しが認められるのはむしろ例外的
・特別受益性の否定、持戻し免除意思の推認
・改正民法（相続法）〔1年以内施行〕による持戻し免除の意思の推定規定の新設 |

| 誤認例 | 民法903条1項及び3項の法文上、特別受益は持戻し計算が原則であり、特別に持戻し免除の意思表示が認められるときだけ持ち戻さなくてよいとされているから、実務上、特別受益の持戻し免除が認められるケースはまれである。 |

| 本当は | 実務上、特別受益の「特別」性が強調され、持戻し免除の意思の推認もかなり簡単に行われており、むしろ特別受益の持戻しのほうが例外的といってよい。 |

解　説

1　特別受益の持戻しはむしろ例外的

民法の条文上は、「特別受益は持戻し計算が原則であり、特別な免除

意思があったときには例外的に返さなくてもよい」という建前になっていること（民903①③）や、裁判例集、基本書、実務家向けの解説書等の文献には、特別受益を認めた事例が多数紹介されていることから、生前贈与があれば特別受益として持ち戻されてしまうのが原則であって、持戻し免除意思が推定されるだけの十分な事情がなければ持戻し免除は認められないと思ってしまいがちです。

しかし、実際には、特別受益性を認めた審判例はさほど多くはありません。裁判官の大半が特別受益の「特別」性を強調し、また、持戻し免除意思の推認もかなり簡単に行っているというのが実情です。通常は認められていないからこそ、逆に文献では特別受益を認めた事例が特殊な事例として多数紹介されているのではないでしょうか。

上記の民法の条文は、もともとフランス法に由来するものですが、何も言わなければ、後に遺産分割に当たって精算するというのが被相続人の通常の意思ですから、例外的に持戻し免除の意思を明らかにしたときだけ持ち戻さなくてよい、というのがその立法理由です。しかし、果たして被相続人の通常の意思はそのようなものでしょうか。前述の実務の傾向からすると、父が子の誰かに何かをやるといったときに、これを後で精算させようなどとはほとんど思っていないのではないか、むしろ持戻し免除の意思が一般であって、後で返せと言う方が例外的ではないか、と大半の裁判官は考えていると理解した方がよいものと思われます。

2　改正民法（相続法）

改正民法（相続法）で、「婚姻期間が20年以上の夫婦の一方である被相続人が、他の一方に対し、その居住の用に供する建物又はその敷地について遺贈又は贈与をしたときは、当該被相続人は、その遺贈又は贈与について第一項の規定を適用しない旨の意思を表示したものと推

定する。」という規定（改正民（相続）903④〔1年以内施行〕）が新設されました。

　この規定は、生存配偶者の居住権（改正民（相続）1028以下〔2年以内施行〕）と共に、生存配偶者の保護を図るための方策の一環として設けられたものです。

　前述のとおり、民法903条1項及び3項の条文上、特別受益は持戻しが原則であるように見えるものの、従前から特別受益の持戻し免除の意思の推認が広く行われていましたが、新設された同条4項では、婚姻期間が20年以上の夫婦間における居住用の土地・建物の遺贈又は贈与については、持戻し免除の意思が推定されることが明文化され、条文上も持戻し免除が原則とされたのです。

　したがって、改正民法（相続法）903条4項〔1年以内施行〕の要件を満たす場合には、被相続人に持戻し免除の意思がなかったことが主張・立証されない限り、持戻しは認められないということになります。

（田村　義史）

【74】 被相続人の家に無償で居住していることは特別受益となるのか？

長男は亡父名義の家屋に無償で居住し、二男は自分で家賃を払って賃貸マンションに居住していた。二男は、長男が無償で親の家屋に居住していたことは特別受益だと主張したいと考えているが、その主張は認められるか。

| POINT | ・無償居住は特別受益だという主張は認められるのか
・親との同居でない場合はどうか
・収益物件に無償で住んでいた場合はどうか |

| 誤認例 | 長男が亡父名義の家屋に無償で居住していた場合、その居住利益は特別受益として考慮される。 |

| 本当は | 長男が亡父名義の家屋に無償で居住していた場合に、その居住利益が特別受益に当たるという主張がされても、特別受益に当たらないと認定されることが多い。 |

解　説

　遺産分割事件で親の遺産である家屋に居住していたことを特別受益だと主張されることがしばしば見受けられます。住んできた期間の賃料相当金額が特別受益だとした上で、例えば30年間月額5万円だったとして掛け算をして、膨大な金額の特別受益が主張されます。さすが

第7章　寄与分・特別受益　　243

に、このように考える学説はないようです（片岡武＝管野眞一『家庭裁判所における遺産分割・遺留分の実務〔第3版〕』271頁（日本加除出版、2017））。しかし、弁護士からは頻繁になされる主張なので、当事者の感覚には近いと思われます。「私らは毎月の家賃を一生懸命払っていたのに、あいつは親の家に住んで一銭も払わずに済んだ。」という当事者の言い分をそのまま計算してみたというのが実情かもしれません。

　その場合、裁判官としては、おそらく同居の利益は同居の精神的負担もあるので、特別受益に当たらないと考えることが多いものと思われます。単なる占有補助者にすぎず、独立の占有権原がないから受益がないとする審判例もあります（大阪家審平6・11・2家月48・5・75等）。

　では、親との同居でなく、子のみで親の所有する家に住んでいる場合で、他の相続人がこれを特別受益だと考えた場合はどうでしょうか。

　賃料相当額の累積額を考えるのではなくて、使用借権が設定されたことが特別受益だと考えて、使用借権相当額を土地建物の一定割合で認めることになるようにも思われますが（上原裕之＝髙山浩平＝長秀之『リーガル・プログレッシブ・シリーズ10　遺産分割〔改訂版〕』353頁（青林書院、2014））、おそらく、むしろ特別受益とみない、あるいは持戻し免除の意思表示があったとみる裁判官の方が多いでしょう（片岡武＝管野眞一『家庭裁判所における遺産分割・遺留分の実務〔第3版〕』274頁（日本加除出版、2017））。

　なぜなら、使用借権の設定を特別受益と認めてしまうと、使用借権は遺産分割後も続くべきものとして考えているのかという問題が発生しますが、仮に続くとすると、遺産評価に当たって、取得者の取得金額から使用借権相当額を減じるべきであるということになり得ますし、逆に使用借権を分割するのであれば、他の者に使用借権を取得させて長男を追い出してしまうということにもなりかねず、いずれにしても結論の妥当性を欠くことになるからです。

　したがって、このような事例では、大半の裁判官は、現に居住して

いる長男に家屋を取得させて、その場合には取得金額から使用借権相当額は引かずに、その代わり、特別受益も認めないという処理をするものと思われます。

なお、収益物件に子を無償で住まわせていた場合には、賃料相当額が特別受益になり得るという見解もあります（東京弁護士会弁護士研修センター運営委員会『家族法：平成17年度専門弁護士養成連続講座』448頁（商事法務、2007））。

《参考となる判例》

○相続人Aは、被相続人名義の建物に無償で居住しているが、その居住のうち、被相続人と同居していた期間は、単なる占有補助者にすぎず、独立の占有権原に基づくものと認められないし、この間Aには家賃の支払を免れた利益はあるが、被相続人の財産には何らの減少もなく、遺産の前渡しという性格がないので、特別受益には当たらないとした事例（大阪家審平6・11・2家月48・5・75）

（田村　義史）

第 8 章

遺産分割の前提問題・
付随問題

246

【75】 遺言書が作成されていない場合に葬儀費用を相続財産から支出できるのか？

　被相続人Aの共同相続人の一人であるBが自ら喪主となって葬儀を執り行い、その葬儀費用を相続財産から支出した。なお、被相続人Aは遺言書を作成していなかった。この場合、葬儀費用を相続財産から支出することは当然に許されるか。

| POINT | ・葬儀費用の負担者については諸説あり、当然に相続財産から支出することが許されるわけではない
・最終的には葬儀費用が喪主負担となる可能性もあるが、実務的には、相続財産からの支出を他の相続人があえて争わないというケースが多い |

| 誤認例 | 被相続人Aの葬儀費用を、喪主であるBが相続財産から支出ないし差引計算することは、当然に許される。 |

| 本当は | 葬儀費用の負担者については、諸説分かれており、相続財産から支出することは、当然に認められるとは限らない。 |

解　説

1　葬儀費用の負担者

　葬儀費用の負担者に関しては、民法上の明示の規定はありません。

この問題についての考え方を大別すると、①喪主負担説、②相続人負担説、③相続財産負担説、④慣習・条理説があるものといわれており（このほか、遺産分割協議によって決まるとする見解もあるようです。）、実務上の判断も事案によってまちまちです。なお、慣習・条理についても、全国的に定まったものはなく、この説を採ったとしても一義的な結論が導かれるというわけではありません。

2 最終的に葬儀費用が喪主の負担となる可能性

喪主の立場としては、最終的に葬儀費用が自らの負担となるという可能性もあるということを心に留めておくべきでしょう。

もっとも、実務的には、相続財産から葬儀費用を支出したことが明らかなときは他の相続人があえて争わないというケースがほとんどで、喪主が個人財産から支出しなければならないという例はそれほど多いものではありません。

3 後見人の死後事務

なお、念のために付言すれば、平成28年10月13日に施行された「成年後見の事務の円滑化を図るための民法及び家事事件手続法の一部を改正する法律」による改正後の民法においても、後見人の死後事務（民873の2）としては、死亡した被後見人の葬儀費用の支出を許さない（いわゆる裁判所の3号許可の対象とされない）ものと、条文上は消極的に解されています。しかし、大半の相続人が同意している等の事情があれば、事案に応じて、裁判所において柔軟に認める取扱いもあるようです。

（小林　寛治）

第8章　遺産分割の前提問題・付随問題　　249

【76】 遺言書の記載に従い葬儀費用を相続財産から支出できるのか？

被相続人Aの共同相続人の一人であるBが自ら喪主となって葬儀を執り行い、Aが生前に作成した遺言書の記載（「葬儀費用はC銀行の預金から支出すること」）に従い、その葬儀費用を相続財産から支出した。この場合、葬儀費用を相続財産から支出することは当然に許されるか。

| POINT | ・葬儀費用は法律上の遺言事項ではなく、また、そもそも遺言執行者の権限が及ばない事項であることから、相続財産から葬儀費用の支出を認める理論的な説明は簡単ではない
・遺言書の記載が実質的に死後事務委任契約であると解釈することも可能ではあるが、その場合、遺言書の中に単独行為と契約が混在することになる
・相続人間で葬儀費用について争いが予想される事案においては、別途、死後事務委任契約書を作成しておくなど、事前の対応が求められる |

| 誤認例 | 被相続人Aの遺言書が作成されている場合には、その記載に従い、Aの葬儀費用を、喪主であるBが相続財産から支出することは、当然に許される。 |

| 本当は | 葬儀の内容や費用支出は法律上の遺言事項ではない（葬儀費用は相続発生後の債務であるので、遺言執行者の権 |

250　　第8章　遺産分割の前提問題・付随問題

> 限がそもそも及ばない）ことから、相続財産から費用支
> 出することが、当然に認められるとは限らない（少なく
> とも理論的な説明は簡単ではない。）。

解　説

1　葬儀費用の負担者

　葬儀費用の負担者に関しては、民法上の明示の規定はなく、その考え方についても諸説分かれているという状況にあります（【75】参照）。

　もっとも、被相続人が生前に遺言書を作成している場合には、相続分や遺産分割方法の指定と併せて、被相続人が希望する葬儀の内容や、葬儀費用を相続財産から支出すべき旨が記載されているようなことも多く、その場合には、その記載に従い、被相続人の葬儀費用を相続財産から支出することは、当然に許されるようにも思えます。

2　相続財産から葬儀費用への支出

　しかしながら、葬儀費用は法律上の遺言事項ではなく、また、葬儀費用は相続発生後の債務であるので、遺言執行者の権限がそもそも及ばないことから、当然に相続財産から葬儀費用を支出することが認められるとするための理論的な説明は簡単ではありません。

　もちろん、被相続人が遺言書において葬儀の内容や、葬儀費用を相続財産から支出することを希望している場合には、相続人全員がこれらの内容を尊重することが多いと思われますが、その場合にも、法律的には、負担付遺贈と同様の遺言による相続財産の処分の一つと考えるか、相続人間の黙示的な合意内容の一つとして手続が進んでいくものと理論構成せざるを得ないのではないかと思われます（遺言書の記

第8章　遺産分割の前提問題・付随問題　　251

載が実質的に死後事務委任契約であると解釈することも可能でしょう
が、その場合、遺言書の中に、単独行為と契約が混在することになり
ます。)。

3　死後事務委任契約書の作成

　葬儀費用が法律上の遺言事項ではない点については、「法の不備」と
いわざるを得ませんが、上記の状況を踏まえて、相続人間で葬儀費用
について争いが生じることが予想される事案においては、遺言書とは
別に死後事務委任契約書を作成しておくなど、できるだけ疑義を残さ
ない事前の対応が求められるでしょう。

（小林　寛治）

【77】 相続放棄を予定している場合に葬儀費用を相続財産から支出してもよいのか？

　被相続人Aの唯一の相続人であるBは、相続放棄をする予定であるが、Aの葬儀費用についてはその相続財産たる預金から支出するつもりである。これは、相続財産の処分に当たるか。

POINT
・費消した相続財産が僅少であったり、相続債務があることを認識せずに相続財産を費消した場合など、個別の事情が考慮されて、後の相続放棄を認めた判例はいくつかある
・個々の事案において、必ず後の相続放棄が認められるとは限らず、相続財産から葬儀費用等の支出をすることにはリスクがあることに注意が必要

| 誤認例 | 相続財産から葬儀費用を支払うことについては、民法921条1号の「相続財産の処分」に当たらない。 |

| 本当は | 相続財産から葬儀費用等の支出をすることには相続財産の処分に当たる可能性があり、リスクがある。 |

解　説

1　法定単純承認
　民法921条は、「次に掲げる場合には、相続人は、単純承認をしたも

のとみなす。」と法定単純承認の規定を置き、その1号本文では、「相続
人が相続財産の全部又は一部を処分したとき」が挙げられています。

　同号によれば、相続放棄の前に被相続人名義の預金を解約して費消
する行為は、法定単純承認となり、もはや相続放棄をすることは許さ
れないこととなります。

2　相続人を救済した判例

　もっとも、被相続人の財産が残されていた場合に、相続人がこれを
葬儀費用等に充てることは遺族（相続人）の置かれた状況としてやむ
を得ないこともあり、いくつか相続人を救済した判例があります。

　葬儀費用の支出については、大阪高裁昭和54年3月22日決定（判タ
380・72）が、これを民法921条1号の「相続財産の処分」には当たらない
としました。また、仏壇や墓石購入費に充てた行為も、「相続財産の処
分」に当たるとは断定できないとし、その後の相続人の相続放棄を認
めた判例（大阪高決平14・7・3家月55・1・82）があります。

3　リスクが伴う相続財産からの葬儀費用等の支出

　しかし、上記判例は、費消した相続財産が僅少であったり、相続債
務があることを認識せずに相続財産を費消した場合であるなど、個別
の事情が考慮されての事例判断であると考えるのが無難です。

　個々の事案に上記判例が必ずしも当てはまるとはいえず、相続財産
から葬儀費用等の支出をすることにはリスクがあることは自覚的であ
るべきでしょう。

4　葬儀業者側からの執行行為や相殺の意思表示等がなされた場合

　この点、民法921条1号の「相続財産の処分」は相続人の主体的行為

を問題としているものであり、葬儀業者側からの執行行為や相殺の意思表示等がなされた場合には、法定単純承認の事由とはならないと思われます。

このことを敷衍して考えれば、葬儀業者に対して、（支払ではなく）預り金として金員を交付しておき、葬儀業者の側から相殺等の意思表示を受けるという形をとれば、相続財産を葬儀費用に充てたのと同様の結果を得られるのではないかと考える余地もありそうです。

しかし、一連の行為を全体として見たとき、やはり上記行為が「相続財産の処分」に当たると裁判所が判断することは十分あり得ますので、専門家としては安易に勧められる方法ではないでしょう。

（小林　寛治）

【78】 相続人以外の共有者も存在する不動産の処理の落とし穴

相続人以外の共有者も存在する不動産がある場合の、遺産分割協議と共有物分割協議の関係

POINT
・まず遺産分割か、それともまず共有物分割か？
・実務的には一般調停で相続人以外も当事者として話し合うことを目指す

| 誤認例 | まず遺産分割を行うべきである。 |

| 本当は | まず共有物分割を行うべきである。 |

解　説

1　共有物分割訴訟

　遺産分割前の遺産共有状態にある共有持分と他の共有持分とが併存する共有不動産について、共有関係を解消するための裁判上の手続は、民法258条に基づく共有物分割訴訟となります（最判平25・11・29判タ1396・150）。

　共有物分割の判決により遺産共有持分を有していた者に分与された財産は遺産分割の対象となることから、この財産の共有関係の解消については、同法907条に基づく遺産分割の方法によることとなります。

遺産共有持分と他の共有持分が併存する共有不動産について、遺産共有持分を他の共有持分を有する者に取得させ、その取得者が遺産共有持分の価格を賠償すべきものとする全面的価格賠償の方法による共有物分割の判決がなされた場合には、遺産共有持分を有していた者に支払われる賠償金は、遺産分割によってその帰属が確定されるべきものですから、賠償金の支払を受けた者が、その時点で確定的に賠償金を取得するわけではなく、遺産分割がなされるまでの間これを保管する義務を負います（最判平25・11・29判タ1396・150）。

2 実務的な処理方法

実務的には、一般調停で相続人以外の者も含めて協議するという方法も検討するべきです。

この協議がまとまれば、①調停条項を作成しつつ別途遺産分割協議書を作成するか、②別途遺産分割調停を申し立てて、相続人以外を利害関係人として関与させるという方法をとることとなります。

上記②の場合、上申書を添付して事情を説明しておけば、利害関係人が含まれていても遺産分割調停事件として受付はされます。ただし、利害関係人本人が遺産分割調停へ参加することを強制する手段はありませんので、遺産分割調停への参加について事前に利害関係人の同意をとっておく必要があります。

（野口　大）

第8章　遺産分割の前提問題・付随問題　　　257

【79】 老親の扶養・介護をするという約束を前提とした遺産分割の落とし穴

　被相続人の長男Ａが、被相続人の妻Ｂの扶養・介護を確約したので、被相続人の次男ＣはＡに法定相続分を超える遺産を取得させることを同意し、ＡＢＣ間で遺産分割協議を成立させたが、Ａは約束を履行しない。この場合、Ｃは、Ａの債務不履行を理由に遺産分割協議を解除することはできるか。

| POINT | ・扶養・介護の約束不履行による遺産分割協議の法定解除、合意解除の可否
・扶養・介護の実現のため、遺産分割とは別に必要な対策－居住権確保、少しずつ財産を生前贈与
・母親の財産管理のため検討余地のある手段－任意代理契約、信託の設定 |

| 誤認例 | 遺産分割協議も法律行為である以上、契約の場合と同じように、その拘束を免れるための法定解除や合意解除は当然認められるべきである。 |

| 本当は | 遺産分割協議について、法定解除は判例上認められず、付款として解除条件を認めるのも裁判所は慎重である。合意解除は認められるが、その事実認定は慎重になされる。老親の将来に不安があるのであれば、遺産分割とは別個の対策を講じるべきである。改正民法（相続法）〔2年以内施行〕の下では配偶者居住権の活用が考えられる。 |

258 第8章 遺産分割の前提問題・付随問題

解　説

1 扶養・介護に関する条項例

　関係者全員が、長男など特定の相続人が老親の面倒を見ることを理由として他の相続人より取得額を多くする、という内容の遺産分割に合意できる場合には、それを禁止する理由はありません。実際、遺産分割協議や家庭裁判所の遺産分割調停において、以下のような扶養・介護に関する条項を入れることもあります。

第1項　相手方Aは、長男として申立人Bと同居し、同人を扶養する。

第2項　相手方Aは、申立人Bを扶養し、Bにふさわしい老後を送ることができるよう最善の努力をするものとし、Aの妻と共にBの日々の食事はもとよりその他身の回りの世話をその満足を得るような方法で行う。

---

2 遺産分割協議の法定解除の可否

　共同相続人間で遺産分割協議が成立した場合、相続人の一人が他の相続人に対して、同協議で負担した債務を履行しないときに、他の相続人は民法541条による解除ができないとするのが判例（最判平元・2・9民集43・2・1）です。

　上記判例は理由として、①遺産分割はその性質上協議の成立と共に終了し、その後は同協議で債務を負担した相続人と債権を取得した相続人間の債権債務関係が残るだけであること、及び、②このように解さなければ、民法909条本文により遡及効を有する遺産の再分割を余儀なくされ、法的安定性を著しく害されることを挙げています。

　上記判例の理由に加えて、③解除制度の趣旨が債務不履行の相手方をその契約から解放して新しい取引先を求めることを可能にすること

第8章　遺産分割の前提問題・付随問題　　259

にあるのに、遺産分割の場合にはそのような要請がないことも、法定
解除を否定する理由として挙げられます。

3　老親の世話をしないことを遺産分割の解除条件と解釈できるか

　相続人間の情誼関係（例えば、相続人の一人が他の相続人の老後の
世話を期待されているという事情）の破綻をもって遺産分割の解除条
件であると解釈するのは困難です。なぜなら、そのような解除条件を
付する旨の合意は、相続による法律関係を不安定、不明確にするもの
であり、認めるのは相当ではなく、仮にそのような合意があったとし
ても無効と解されるからです（東京地判昭59・3・1家月38・1・149）。

4　遺産分割協議の合意解除の可否

　共同相続人の全員が、既に成立している遺産分割協議の全部又は一
部を合意により解除した上、改めて遺産分割協議をすることはできま
す（最判平2・9・27民集44・6・995）。

　同判例は、合意解除については、法定解除を否定した前記2の最高裁
判決の射程外と判断したと理解されます。すなわち、合意解除の場合
には、法定解除と異なり、①法の制限がない限り有効性が否定されな
いという一般原則があり、解除原因に制限はなく、債権債務の残存も
前提にはならず、協議自体の合意による解除は可能と解されます。②
また、法的安定性の見地からは、対外的には第三者の保護規定（例えば、
民545①ただし書・909ただし書・192・94②等）による保護が図られ、対内的
にも共同相続人間で全員の合意がある以上問題にはならないといえま
す。

　したがって、合意により遺産分割協議を解除することができます。
ただし、訴訟等の具体的な事案で合意解除及び再分割協議の事実の存

否が争点になった場合に、事実を認めたときに招来される法律関係の混乱をも見据えた上、慎重な認定がなされると思われます。

5　老親の扶養・介護を確実にするための実効的な方策

上記のとおり、被相続人の妻Bに対し扶養・介護など世話をすることが、遺産分割の効力に影響を与えるような合意を、遺産分割協議として行うことは難しい（遺産分割により形成される法律関係の安定という要請がある）と思われます。

したがって、扶養・介護については、遺産分割の問題とは別個の問題だという原則に立ち返り、老親の介護の不安は遺産分割協議の中ではなく、次に挙げるような別途対策を講じるべきです。

（1）　老親の居住している建物を老親が取得するか、居住権を確保することを検討するべきでしょう。居住権確保の方法としては、現行法では建物取得者と賃貸借契約を締結するほかありませんが、改正民法（相続法）〔2年以内施行〕により、配偶者居住権の制度が新設されており（改正民（相続）1028～1036〔2年以内施行〕）、これを活用することが考えられます。

（2）　長男が扶養・介護する見返りとして、老親の具体的相続分に相当する遺産を長男に取得させるとしても、一度に取得させることを回避すべきでしょう。扶養・介護の実態を見ながら取得させた方が無難です。

母親が遺言を作成して長男に取得させる（扶養・介護がおろそかであれば遺言を撤回する）、母親が少しずつ長男に生前贈与する（扶養・介護がおろそかであれば生前贈与を中止する）という方法も検討に値します。

（3）　母親の財産管理能力に不安がある場合には第三者を介在させることも検討するべきです。母親の財産管理について任意代理契約を

第8章　遺産分割の前提問題・付随問題　261

締結する、あるいは、委託者を母親、受益者を長男として信託を設定
し（受託者は個人でも構わないですし、「一般社団法人○○家財産管理」
等の一般社団法人でも可能です。業として信託を受託するのでなけれ
ば信託銀行等でなくても受託者となることが可能です。）、任意代理契
約の受任者や信託受託者の判断（あるいは彼らと契約している専門家
の判断）によって、適正に扶養・介護が行われている限り毎月長男に
金員を支払う等の工夫が考えられます。

（野口大・川合清文）

【80】 遺産名義が被相続人と異なる場合の処理の落とし穴

① 被相続人が生前、不動産を所有していたにもかかわらず、被相続人の名義ではなく、将来相続人となる者の名義で登記をしていた。この場合、不動産を遺産分割の対象とするためには、どういう方法をとればよいか。
② 被相続人が不動産を第三者の名義で登記していた場合はどうか。
③ 被相続人名義の財産につき、「真の権利者は相続人であり、当該財産は相続人に帰属する」という主張がある場合はどうか。

| POINT | ・相続人名義の財産を遺産分割の対象とするためとるべき手続
・第三者名義の財産を遺産分割の対象とするためとるべき手続
・被相続人名義の財産につき相続人に帰属するという主張がある場合にとるべき手続 |

| 誤認例 | いずれの場合も当該不動産について、遺産の範囲確認等の訴訟により権利帰属を確定させる以外に方法はない。 |

| 本当は | いずれの場合も最終的には訴訟により帰属を決めることになる。ただし、
① 相続人名義の不動産につき、遺産であることに相続人全員の合意がある場合には、遺産の範囲確認訴訟に |

第8章　遺産分割の前提問題・付随問題　　　263

よらず遺産分割の対象とすることができる。
②　第三者名義の不動産につき、遺産であることに相続
　人全員の合意がある場合には、第三者に協力を求め、
　協力が得られれば遺産分割の対象とすることができ
　る。
③　被相続人名義の財産が遺産であることを容易に明ら
　かにし得る場合もあり、まずは協議や調停の場で、相
　続人に帰属すると主張する者に立証を促し対応を見る
　のが賢明である。

解　説

1　財産の名義人と真の権利者が異なるという主張がある場合の対応の必要性

　遺産分割の対象となるのは、原則として被相続人名義の財産であり、他人名義の財産は対象とはなりません。

　しかし、被相続人が生前、自分の財産を、何らかの事情で被相続人の名義ではなく、将来相続人となる者や第三者の名義にしていた場合があります。

　また、被相続人名義の財産について、相続人に帰属するという主張がなされる場合もあります。

　このように、遺産分割をめぐり、財産の名義人と真の権利者が異なるという主張がなされる場合に、どのように手続を進めるかを検討しなければなりません。この場合、状況に応じて適切な方法をとることが求められます。

2　相続人名義の財産を遺産分割の対象とするためとるべき手続

　(1)　相続人全員の合意がある場合

　民法上は、相続人全員の合意で、当該財産が遺産であることを確認

し、その帰属者を決める場合には、遺産分割の対象とすることができます。

　ただし、税法上、遺産と認められるかは別に検討を要します。すなわち、税務官署等に対する立証として、相続人全員が相続人名義の財産を遺産であると確認する文書だけでなく、被相続人が他人名義で登記等をしていた事情を説明する文書などを求められることがあり、適正な立証手段を確保することが必要です。

　(2)　相続人全員の合意がない場合

　ア　最終的な確定方法

　相続人名義の財産が被相続人の遺産に当たるかは、権利の帰属に関する争いであり、遺産分割の前提問題として、最終的には民事訴訟による判決で確定されなければなりません。

　イ　審判による確定

　判例は、前提問題に争いがある場合、常に民事訴訟による判決の確定を待って遺産分割の審判をすべきものというのではなく、家庭裁判所が、審判手続において前提事項の存否を審理判断した上で、分割の処分を行うことも差し支えないとしています（最大決昭41・3・2民集20・3・360）。

　ただし、本来訴訟で解決されるべき事項を判断した家庭裁判所の審判には、既判力がなく、判決によって、審判で確定した前提的な権利の存在（本事例では相続人名義の財産の帰属）が否定されれば、判決と審判が抵触する範囲内で、その分割審判は効力を失います。

　ウ　家庭裁判所の実務での取扱い

　前提問題について、既に訴訟が係属しているか、又は訴訟提起されることが明らかな場合の事件の取扱いとして、前提問題の種類・内容、争点としての軽重・大小、争いの端緒・程度、判断の難易及び意向を考慮して、訴訟による解決を優先させるか、又は審判において前提問題を審理判断し、審判手続を進行させるかを、慎重に判断するべきで

あることを指摘する見解がありますが（上原裕之ほか編著『遺産分割〔改訂版〕』144頁、145頁（青林書院、2014））、これには異論がないと思われます。

　本事例のように遺産の範囲に争いがある場合、原則として、遺産分割調停・審判に先立ち、遺産の範囲確認訴訟による権利確定を行うべきであるというのが多数の見解です。ただし、遺産であることが証拠上明らかであり、判決で矛盾する判断のおそれがないような場合には、むしろ家庭裁判所の審判が先行してなされる（家事事件手続法2条の公正かつ迅速な手続の要請に合致する）べきではないかと考えます。

3　第三者名義の財産を遺産分割の対象とするためとるべき手続

　（1）　相続人全員の合意があり第三者から協力が得られる場合

　名義移転手続を先行させ遺産に含めて、分割手続を進めます。

　（2）　相続人間に争いがあるか第三者の協力が得られない場合

　別途遺産の範囲確認の訴えや被相続人名義への所有権移転登記訴訟（真正な登記名義の回復）を経て、遺産に含めた上で遺産分割手続を進めるべきです。

4　被相続人名義の財産につき相続人に帰属するという主張がある場合にとるべき手続

　当該財産が遺産に含まれるか否かは、権利の帰属を決めるものであり、訴訟事項であり、遺産の範囲確認訴訟で解決するのが原則です。

　しかし、被相続人名義の財産が遺産であることを容易に明らかにし得る場合もあり、まずは協議や調停の場で、相続人に帰属すると主張する者に立証を促し対応を見る（遺産であることに同意し早期に決着がつく可能性があります。）のが賢明でしょう。

（川合　清文）

【81】 共同相続した非上場株式の議決権については、相続分の割合に応じて行使するのか？

　同族会社の創業者である父は、元々100％の自社株式を保有していたが、長男を後継者とするつもりで、長男に35％の株式を、長女と二女にはそれぞれ5％の株式を生前贈与していた。

　長男は、母死亡後、父に対して遺言書作成を勧めていたが、父は遺言書を作成しないまま死亡してしまった。

　長男は、後継者として会社運営をしていたが、長女や二女には会社運営に関与させず、父の遺産についても独り占めするような態度をとっていた。

　長女や二女は、会社の経営権を握れないか。

POINT　・相続分の過半数での決定により、権利行使者を指定し、かつ会社に通知することにより権利行使しなければならない遺産分割前の相続株式

誤認例　遺産分割前の相続株式の議決権行使は、持分に応じて按分して行うから、長男は、父名義の株式55％のうち相続分3分の1相当の18.33％と生前贈与分の35％と併せて、過半数となる53.33％の議決権を行使できるので、長女と二女は、経営権を握れない。

本当は　遺産分割前の相続株式については、相続分の過半数での決定により、権利行使者を指定し、かつ会社に通知する

第8章　遺産分割の前提問題・付随問題　　267

> ことにより権利行使しなければならないので、長女と二女が協力すれば、被相続人名義の株式の持分についての法定相続分が3分の2となり、相続株式（55％）の全部の株式の議決権を行使できることになり、長女と二女が経営権を握れることになる。

解　　説

1　議決権の行使方法

　相続によって、遺産である株式は相続人間で準共有状態となりますが、その議決権行使の方法については会社法106条に従うことになります。

　すなわち、相続人らは、権利行使者を指定し、かつ、会社に通知しなければ、準共有状態にある相続株式の議決権を行使できません（会社106本文）。そして、会社法106条本文の権利行使者の指定・通知の方法について、判例（最判平9・1・28判時1599・139）は、準共有者間において権利行使者を定めるに当たっては、持分の過半数で決定するものとしています。ただし、共同相続株式の権利行使者の決定に共有者全員の同意を必要とする有力説として、江頭憲治郎『株式会社法〔第7版〕』123頁（有斐閣、2017）等があります。

　上記判例における解釈の前提としては、準共有株式に関する権利行使者の指定・通知は、民法上の共有における管理行為に属するのであって、共有物の管理に関する民法252条（準用規定264条）が適用されるとの考え方があります。

2 準共有者間で準共有状態の株式の権利行使方法に関する具体的な取決めがあった場合

　準共有者間で準共有状態の株式の権利行使者を指定する際に、権利行使の具体的な方法に関して、総会における個々の決議事項について逐一合意を要するとの取決めがあったとしても、準共有者間の合意により選定され、会社に届け出された権利行使者は、自己の判断に基づき議決権を行使することができると解されています（最判昭53・4・14判時892・100）。権利行使方法に関する具体的な取決めは準共有者間における内部的な合意にすぎず、会社には対抗することができないからです。

（藤井伸介・古家野彰平）

第8章　遺産分割の前提問題・付随問題

【82】　公営住宅の賃借権の処理の際の落とし穴

　被相続人が公営住宅を賃借していたところ、亡くなった。同居の親族は公営住宅での居住を継続することができるか。
　また、被相続人が死亡時、公営住宅には居住しておらず、自己所有の不動産に居住し、公営住宅には親族のみが居住していた場合はどうか。

| POINT | ・公営住宅の入居者が死亡した場合、同居の親族は居住を継続することはできないのか |

| 誤認例 | 公営住宅法には使用権の相続についての規定が存在せず、最高裁平成2年10月18日判決（判時1398・64）において、公営住宅法の目的、入居者の資格制限、選考方法等、公営住宅法の規定の趣旨に鑑みれば、入居者の相続人が公営住宅を使用する権利を当然に承継すると解する余地はないと判示された。
すなわち、公営住宅の使用権は相続が認められないことから、同居の親族は居住を継続することができない。
被相続人が死亡時、公営住宅には居住しておらず、自己所有の不動産に居住し、公営住宅には親族のみが居住していた場合についても同様である。 |

| 本当は | 公営住宅の管理については条例が制定されており、都道府県等によっては、公営住宅を賃借している入居者が同 |

居の親族を残して死亡した場合に、同居の親族に入居者
の地位の承継を認める規定が存在する場合が多いことか
ら、同居の親族に関しては、公営住宅に居住を継続でき
る場合がある。また、事案によっては、公営住宅に親族
のみが居住していた場合であっても、当該親族が居住を
継続できることがある。

解　説

　都道府県等の条例には、公営住宅を賃借していた被相続人が死亡し
た時に同居していた親族については入居者の地位の承継を認める規定
が存在していることが多く、かかる場合には、同居の親族は公営住宅
に居住を継続することができます。

　なお、執筆者の経験では、被相続人の死亡時に、被相続人が公営住
宅に居住せずに自己所有の不動産に居住し、公営住宅には親族のみが
居住していた場合でも、別居の親族が公営住宅へ居住を継続できた場
合もあります。

（髭野　淳平）

第 9 章

遺産分割後のトラブル

272

【83】 地裁や高裁で和解し遺産について不動産登記をする際の落とし穴

遺言の有効性をめぐって争いがあり、地方裁判所に訴訟が係属していたが、和解手続において、遺言の有効性のみならず、不動産を含む遺産分割の内容について合意に至り、次回期日において和解成立予定である。何か注意すべき点はあるか。

| POINT | ・「○○は、○○の土地を取得する。」という和解条項で所有権移転登記ができるか |

| 誤認例 | 遺産分割協議書や遺産分割調停条項と同様に、「○○（相続人）は、別紙物件目録記載の土地を取得する。」という和解条項を作成すればよい。 |

| 本当は | 和解をした後、不動産について相続を原因とする所有権移転登記手続をするためには、和解期日に際し別途、遺産分割協議書を作成する必要がある。 |

解　説

1　和解後に不動産登記を確実に行うための留意点

　民事通常裁判所には、遺産分割事件の職分管轄がなく、同裁判所の和解で「○○（相続人）は、○○の土地を取得する。」という条項だけを作成しても、これにより相続を原因とする登記はできません。

(1) 訴訟上の和解において遺産分割の合意をする事例

　遺産分割の前提問題（遺言の有効性、相続人・遺産の範囲など）・付随問題（使途不明金、葬儀費用、遺産管理費用、遺産収益など）をめぐって争いがあり、これらに関し訴訟が提起され係属している場合があります。この場合に和解協議の中で、前提問題・付随問題のみならず遺産分割内容についても合意に至り、遺産分割についても併せて和解を成立させるという事例も見受けられます。

(2) 一般的な実務対応―遺産分割協議書の作成

　この場合、遺産分割協議書や遺産分割調停条項と同じように「○○（相続人）は、別紙物件目録記載の土地を取得する。」という和解条項だけを作成しても、これにより、当該相続人に対し相続を原因とする所有権移転登記をすることはできません。この場合、別途、遺産分割協議書を作成する必要があります。

　なぜなら、遺産分割事件については、家事審判事項・調停事項であり（家事191・別表第2十二・244）、民事通常裁判所に職分管轄がありません。したがって、民事訴訟事件で上記内容の和解条項だけが作成されたとしても、遺産分割の調停調書とは異なり、相続を原因とする所有権移転登記ができないからです。遺産分割の合意に基づく登記は、遺産分割協議書又は遺産分割調停調書あるいは遺産分割審判に基づき可能となります。

(3) 和解条項により登記をする方法

　なお、民事通常裁判所の和解において、不動産登記手続をする旨の意思表示擬制（民事執行法174）の和解条項を作り、当事者である相続人に対し不動産所有権移転登記をする方法が考えられます。例えば、「○○は○○に対し、別紙物件目録記載の土地について、平成○○年○○月○○日○○を原因とする所有権移転登記手続をする。」というような和解条項による方法です。

第9章　遺産分割後のトラブル　　275

　また、和解条項として、このような意思表示擬制の条項ではなく、
「1　登記名義人（被相続人）の相続人全員が当事者となっており、他
に相続人がいないことを確認する」旨の条項、及び「2　被相続人名義
の不動産を特定の相続人が取得する旨の遺産分割協議が和解成立と同
日に成立したことを確認する」旨の条項により、相続を原因とする所
有権移転登記がなされた実例があります。

　ただ、これらの和解条項により所有権移転登記を確実にするために
は、事前に、管轄の法務局と協議し確認しておくべきです。これらの
和解条項により、相続を原因とする所有権移転登記をするには、当該
事案ごとの個別事情も踏まえ、登記申請に必要な事項、条件や添付す
るべき書類を事前に確認しておくことが不可欠です。

2　抗告審での付調停

　本事例とは離れますが、遺産分割審判の抗告審において、高等裁判
所は、当事者の意見を聴いて、いつでも、職権で、事件を家事調停に
付することができ（家事274①）、この場合、高等裁判所はその家事調停
事件を自ら処理することができる（家事274③）とされています。家事
審判法下で抗告審での調停は認められなかったのが、立法で手当され
たものです。

　高等裁判所で成立し作成された調停調書による遺産分割の登記は、
当然認められます。

（川合　清文）

【84】 遺産分割協議において不動産が一部漏れていた場合はどうなるのか？

遺産分割協議において、一部不動産が漏れていたことが判明した場合はどうしたらよいか。

| POINT | ・遺産分割は無効となるのか？
・無効とならない場合、どのようにして処理するのか？ |

| 誤認例 | 当然に遺産分割は無効となり、再度遺産分割をやり直す必要がある。 |

| 本当は | 脱漏した遺産が価格等において重要なものであり、相続人がその遺産の存在を知っていたならば遺産分割協議をしなかったという場合には、共同相続人間の公平の理念に照らし、分割協議は無効と考えられる。
無効とすべきほどの瑕疵がないと判断される場合には、脱漏した遺産のみ、更に分割協議すれば足りる。 |

解　説

1　遺産の一部の脱漏と一部分割

　全ての遺産について遺産分割を終了したつもりであったが、後日当事者が認識していなかった遺産が発見された場合を遺産の一部の脱漏といい、結果的には先の分割は一部分割ということとなります。

第9章　遺産分割後のトラブル　　277

　一部分割とは、遺産分割において全ての遺産を分割せず、遺産の一部のみを分割することをいいます。当事者が未分割の遺産の存在を認識している点において、遺産の一部の脱漏と異なります。

2　遺産の一部の脱漏

(1)　先の遺産分割の効力

　遺産の一部の脱漏があった場合、脱漏した遺産が価格等において重要なものであり、相続人がその遺産の存在を知っていたならば遺産分割協議をしなかったという場合には、共同相続人間の公平の理念に照らし、分割協議は無効と考えられます（福岡家小倉支審昭56・6・18家月34・12・63）。この場合は、脱漏した遺産を含めて再度遺産分割を行うべきこととなります。

　上記のように無効とすべきほどの瑕疵がないと判断される場合には、脱漏した遺産のみ、更に分割協議すれば足ります（東京高判昭52・10・13家月31・1・77、東京高決昭54・2・6高民32・1・13）。

(2)　先の遺産分割が無効となった場合の手続

　なお、先行する遺産分割協議が無効であり、脱漏した遺産を含めて再度遺産分割をするために調停を利用する場合は、裁判所へ新たな遺産分割調停を申し立て、その前提問題として先行する遺産分割協議が無効であることを主張することとなります。先行する遺産分割協議が有効か無効かで争いがある場合には、遺産分割協議の無効確認訴訟を提起せざるを得ません（固有必要的共同訴訟となります（大阪高判平5・3・26判タ817・212）。）。

(3)　脱漏した遺産を分割する際の考慮事項

　先行する遺産分割協議が有効であり、脱漏した未分割の遺産のみ更に分割協議する場合は、民法906条所定の分割の基準に照らして遺産

の総合的配分に齟齬を来さず、未分割遺産の総合的配分の公平を実現するためには、当初の分割協議における相続人の取得分の法定相続分との不均衡を修正することを考慮する必要があります（大阪家審昭51・11・25家月29・6・27）。

（野口　大）

【85】 遺産分割後に多額の債務があることが判明した場合はどうなるのか？

遺産分割後に多額の債務があることが判明した場合の注意点は何があるか。

POINT	・遺産の処分行為をしているので、法定単純承認として、もはや相続放棄できないのか

誤認例	遺産分割しているので、遺産の処分行為として法定単純承認事由（民921一）に該当し、もはや相続放棄はできない。

本当は	相続人が多額の相続債務があることを認識していれば、そもそも最初から相続放棄をしたような状況であれば、遺産分割協議は要素の錯誤により無効になり、法定単純承認の効果も発生しない。 ただし、錯誤無効（民95）は、改正民法（債権法）では、「取り消すことができる」となる（改正民（債権）95）。

解　説

　本事例の場合、遺産分割協議が完了しているので、遺産の処分行為として法定単純承認事由（民921一）に該当し、この点で相続放棄申述ができないのではないかという問題があります。しかし、そもそも本

事例で相続人が多額の相続債務があることを認識していれば、最初から相続放棄をしたものと考えられます。したがって、遺産分割協議は要素の錯誤により無効になり、法定単純承認の効果も発生しません。

　ただし、錯誤無効（民95）は、改正民法（債権法）では、「取り消すことができる」となります（改正民（債権）95）。

　この点、大阪高裁平成10年2月9日決定（判タ985・257）は本事例と同様の事案において、上記趣旨を述べて相続放棄申述申立てを却下した審判を取り消しています。

　なお、本事例において、相続債務が存在することを知る機会がなかったのであれば、熟慮期間が徒過していることは、相続放棄申述の障害とはなりません。

　なぜなら相続人において相続債務が存在しないと信じたことについて相当な理由があれば（およそ知る機会がなかった等）、相続債務のほぼ全容を認識した時、又は通常これを認識し得べき時から、熟慮期間を起算することとなるからです（最判昭59・4・27民集38・6・698）。

(野口　大)

第9章　遺産分割後のトラブル　　281

【86】　遺産分割で取得した土地の面積が不足していた場合はどうなるのか？

　被相続人Ａが死亡し、Ａの遺産である甲土地（公簿面積500㎡）及び現預金5,000万円について、共同相続人である子Ｂ、Ｃが遺産分割協議を行った。甲土地は分割時の路線価図に基づき1㎡当たり30万円として1億5,000万円と評価した上で、Ｂが甲土地を、Ｃが現預金5,000万円をそれぞれ取得し、ＢがＣに対し代償金5,000万円を支払う旨の協議が成立した。

　ところがその後、甲土地の面積を測量したところ、実際には400㎡しかないことが判明した。ＢはＣに対し、代償金の減額請求や損害賠償請求、遺産分割協議の解除をすることができるか。

POINT	・土地の面積不足が数量に関する契約不適合に当たるか ・数量不足の場合の買主救済規定が不動産を対象とする遺産分割に準用される場合は限定される ・請求の具体的内容（代金減額請求、解除、損害賠償請求）

誤認例	Ｂは、甲土地の実測面積が公簿面積よりも不足している以上、当然に、共同相続人間の担保責任（民911）に基づき、Ｃに対し代償金の減額請求（改正民（債権）563）や損害賠償請求、遺産分割協議の解除（改正民（債権）564）等をすることができる。

第9章　遺産分割後のトラブル

| 本当は | B及びCが、単に公簿面積に路線価図における1㎡当たりの単価を乗じて算出した金額を一応の標準として、甲土地の価額を全体として評価したにすぎない場合は、代償金の減額請求等は認められない。 |

解　説

1　共同相続人間の担保責任

　遺産分割によってある相続人が取得した財産に瑕疵があれば、各共同相続人間に不公平が生じます。そこで、民法は、この遺産分割後の不公平を除去するため、各共同相続人が他の共同相続人に対して、売主と同じく、その相続分に応じた担保責任を負担することと規定しています（民911）。

　本事例では、土地の面積が不足しているということなので、改正民法（債権法）562条ないし564条が定める契約不適合の場合における買主救済の規定の準用が問題となります。

2　土地の面積不足が改正民法（債権法）562条1項の「数量に関して契約の内容に適合しない」に当たるか

　民法565条にいう数量指示売買について、判例上、土地の売買においては、一定の面積があることを契約の基礎として、面積に単価を乗じて代金額が算定された場合には、数量指示売買に当たる（最判平13・11・22判時1772・49参照）が、目的物を特定表示するために公簿面積が記載されたにすぎないような場合は、「当事者において目的物の実際に有する数量を確保する」目的に出たものとは考えられないので、数量指示売買には当たらないとされています（最判昭43・8・20判時531・27）。

第9章　遺産分割後のトラブル　　283

　また、売買の対象である土地の面積が表示され、その表示を基礎と
して代金額が決定された場合であっても、当事者が土地を全体として
評価して、土地の面積を一応の標準として、そのような算定方法を用
いたにすぎないときには、やはり「当事者において目的物の実際に有
する数量を確保する」目的に出たものとはいえないので、数量指示売
買には当たらないとされています（東京地判昭50・5・14判時798・59等参照）。

　これらの民法の判例は、改正民法（債権法）562条1項の「数量に関
して契約の内容に適合しない」といえるか否かの判断にもそのまま当
てはまるものと思われます。

3　改正民法（債権法）562条ないし564条の買主救済規定が不動産を対象とする遺産分割に準用される場合

　遺産分割協議書に公簿面積が記載されていても、その記載は、不動
産を特定するためのものであることが多いと思われます。また、1坪
とか1㎡当たりの単価を設定し、その単価に面積を乗じて求めた不動
産価額を基準として遺産分割をした場合でも、それは当該不動産を全
体として評価し、表示された面積を一応の標準として、当該不動産を
取得する相続人の取得価額を算定するためだけの目的に出たものであ
って、「当事者において目的物の実際に有する数量を確保する」目的に
出たものとはいえないことが多いでしょう。

　不動産を対象とする遺産分割に改正民法（債権法）562条ないし564
条が準用されるのは、当該土地の実測面積が公簿面積と一致するとの
認識の下で、単位面積当たりの単価が当事者間の合意に基づき設定さ
れ、設定された単価に公簿面積を乗じて不動産価額を算定する前提で、
遺産分割協議書に公簿面積が表示され、その価額を基に代償金の額や
他の相続人が取得すべき財産の価額が定められたというような事情が
認められる場合に限られるでしょう。

本事例でも、改正民法（債権法）562条ないし564条が準用されるのは、B及びCが、甲土地の実測面積が公簿面積と一致するものと認識して、路線価図における1㎡当たりの単価をBとCの合意で設定し、その単価に公簿面積を乗じて甲土地の価額を算定する前提で、遺産分割協議書に甲土地の公簿面積を表示し、算定された甲土地の価額を基にBがCに対して支払うべき代償金の額を定めたような場合に限られ、公簿面積に路線価図における1㎡当たりの単価を乗じて算出した金額を一応の標準として甲土地の価額を全体として評価し、代償金の定めを設けたにすぎない場合は、これらの条文の準用は認められないものと考えられます。

4　請求の内容

不動産を対象とする遺産分割に改正民法（債権法）562条ないし564条の準用が認められる場合、当該不動産を取得した相続人は、他の共同相続人に対し、以下のような請求をすることが考えられます。

(1)　代金減額請求

債務負担による分割方法＝代償分割（家事195）が採られた場合には、不足分の割合に応じて他の共同相続人に支払う代償金額の減額を求めることができます（改正民（債権）563①）。この場合、不足分の引渡しによる履行の追完は不能ですので、履行の追完の催告は不要です（改正民（債権）563②一）。

なお、民法911条の担保責任は、各共同相続人が「その相続分に応じて」負担するものとされていますので、減額請求権を行使した相続人自身も、その相続分に応じて数量不足分を負担することになります。

本事例では、遺産分割でBが取得することとなった甲土地の面積は実際には400㎡しかなく、評価額にして30万円×100㎡＝3,000万円分の不足があったことになりますので、BはCに対して3,000万円×1/2＝1,500万円の減額請求権を有することになります。

第9章　遺産分割後のトラブル　　285

(2)　解　除

判例は、民法541条に基づく遺産分割協議の解除を否定しています（最判平元・2・9判時1308・118）が、相続人が取得した不動産の面積不足の程度が重大で、そのために遺産分割の目的を達することができない場合には、遺産分割協議の解除（改正民（債権）564・541・542）を認めるべきでしょう。

本事例においては、Bが取得した甲土地の面積が公簿面積よりも100㎡狭かったことにより、遺産分割の目的を達することができないという事情が認められる場合には、遺産分割協議の解除が認められます（改正民（債権）564・541・542）。

(3)　損害賠償請求

民法565条において準用する563条3項にいう「損害」については、売主の担保責任の法的性質と関連して、信頼利益に限られるのか履行利益まで含まれるのかが争われていましたが、改正民法（債権法）564条は、契約不適合の場合の買主の損害賠償請求は債務不履行に基づく損害賠償請求（改正民（債権）415）であることを明記しましたので、改正民法（債権法）564条の「損害」には履行利益まで含まれ得るものと解されます。したがって、今後は、「土地の面積の表示が売買契約を達成する上で特段の意味を有する」とはいえない場合（最判昭57・1・21判時1030・34参照）であっても、履行利益の損害賠償請求が認められる可能性があります。ただし、面積不足について売主に帰責事由がない場合には買主の損害賠償請求は認められません（改正民（債権）415①ただし書）。

不動産を対象とする遺産分割協議に当てはめると、当該土地を取得した相続人は、遺産分割協議書で表示された面積と実測面積とが異なっていたことについて帰責事由のある他の共同相続人に対して、当該土地が表示どおりの面積を有したとすれば当該土地を取得した相続人

が得たであろう利益について賠償を請求することができることになります。

　本事例においては、甲土地の実測面積が遺産分割協議書に記載された面積と異なることについて、Cに帰責事由が認められる場合は、BはCに対し、甲土地が遺産分割協議書において表示された面積を有したとすればBが得たであろう利益につき、その相続分に応じて賠償請求することができますが、Cに帰責事由が認められない場合には損害賠償請求はできません。

《参考となる判例》

○民法565条にいう「数量ヲ指示シテ売買」とは、当事者において目的物の実際に有する数量を確保するため、その一定の面積、容積、重量、員数又は尺度あることを売主が契約において表示し、かつ、この数量を基礎として代金額が定められた売買を指称するものである。ところで、土地の売買において目的物を特定表示するのに、登記簿に記載してある字地番地目及び坪数をもってすることが通例であるが、登記簿記載の坪数は必ずしも実測の坪数と一致するものではないから、売買契約において目的たる土地を登記簿記載の坪数をもって表示したとしても、これでもって直ちに売主がその坪数のあることを表示したものというべきではない。

　（最判昭43・8・20判時531・27）

○いわゆる数量指示売買とは、当事者において目的物の実際に有する数量を確保するため、その一定の面積、容積、重量、員数又は尺度があることを売主が契約において表示し、かつ、この数量を基礎として代金額が定められた売買をいう。

　前記事実関係によれば、上告人と被上告人らは、本件売買契約の代金額を坪単価に面積を乗じる方法により算定することを前提にして、その坪単価について折衝し、代金額の合意に至ったというのである。そして、本件土地は、市街化区域内にあり、小規模住宅用の敷地として売買されたものであって、面積は50坪余りにすぎないというのであるから、山林や原野など広大な土地の売買の場合とは異なり、このような零細宅地の

第9章　遺産分割後のトラブル　　　287

場合における前記のような開差5％を超える実測面積と公簿面積との食違いは、売買契約の当事者にとって通常無視し得ないものというべきである上、被上告人らは、Ａ住宅に対して本件土地の実測図面を要求するなどしたというのであるから、本件土地の実測面積に関心を持っていたものというべきであり、記録によれば、本件売買契約当時、当事者双方とも、本件土地の実測面積が公簿面積に等しいとの認識を有していたことがうかがわれるところである。

　もとより、土地の売買契約において、実測面積を基礎とせずに代金額が決定される場合でも、代金額算定の便宜上、坪単価に面積（公簿面積）を乗じる方法が採られることもあり得るが、本件売買契約においては、上告人と被上告人らが、本件土地の実測面積を離れ、それ以外の要素に着目して本件土地を評価し、代金額の決定に至ったと認めるべき事情はうかがわれないのである。なお、本件条項自体は、実測面積と公簿面積とが食い違う場合に代金額の減額を要しないという趣旨を定めたものとはいえないし、原審の認定したところによれば、本件条項がそのような意味を有する旨の説明がＡ住宅からされたことなどもないというのであるから、本件条項が存在することから直ちに実測面積に増減があっても公簿面積を基礎として本件売買契約の代金額が決定されたこととする趣旨であったと断定することはできないものというべきである。

　以上の点に鑑みると、本件売買契約書において登記簿の記載に基づいて本件土地の面積が記載されたのは実測面積が公簿面積と等しいか少なくともそれを下回らないという趣旨によるものであり、本件売買契約の代金額は本件土地の実測面積を基礎として決定されたものであるとした原審の契約解釈は、経験則に違反するものとはいえないというべきである。

　そうすると、本件売買契約においては、本件土地が公簿面積どおりの実測面積を有することが表示され、実測面積を基礎として代金額が定められたものであるから、本件売買契約は、数量指示売買に当たり、被上告人らは、上告人に対し、民法565条、563条1項に基づいて、代金減額請求をすることができるものというべきである。（最判平13・11・22判時1772・49）
○本件各売買契約は、代金の決定に当たり、甲あるいは乙の山林をそれぞ

れ全体として評価する手段として、前認定のような面積を一応の標準とし、これに一町歩当たり100万円という単価を乗じて算出する方法が採られたというにとどまり、当事者において本件各土地が実際に有する数量を確保するために、売主である被告が一定の面積のあることを本件各売買契約において表示したとまではすることができないから、本件各売買をもって数量指示売買であるとすることはできない。(東京地判昭50・5・14判時798・59)

(田村　義史)

第9章 遺産分割後のトラブル 289

【87】 遺産分割で取得した土地の隣地所有者と境界争いが発生した場合はどうなるのか？

　遺産分割で甲土地を取得した相続人Ａが、コインパーキングを営むため甲土地を整備しようとしたところ、甲土地に隣接する乙土地の所有者Ｂが、Ａが整備しようとしている部分の一部が乙土地との境界を越境していると主張し、Ａに対し、越境しているとする部分の整備を中止して明け渡すよう求めてきた。Ａが土地家屋調査士に依頼して改めて調査したところ、甲土地と乙土地の現況は、いずれも公図上の地形や登記簿上の地積と大きく食い違っており、甲土地と乙土地の範囲がはっきりしないことが判明した。Ａは他の共同相続人に何か法的な主張ができるか。

POINT	・土地の境界が明確でないことが契約（遺産分割協議）の内容に適合しないといえるか ・請求の具体的内容（代金減額請求、損害賠償請求、解除） ・錯誤無効の主張は認められるか。ただし、錯誤無効は改正民法（債権法）では、「取り消すことができる」となる

誤認例	遺産分割で取得した土地について隣地所有者との間で境界争いが発生したとしても、遺産分割協議が有効に成立している以上、他の共同相続人に対し何らの請求もできない。

第9章　遺産分割後のトラブル

	Aとしては、甲土地と乙土地の範囲がはっきりしないために将来的に境界争いが生じる蓋然性が高かったことが遺産分割協議の内容に適合しないことを理由として、他の共同相続人に対し、その相続分に応じて代償金の減額請求や損害賠償請求をすることができる余地がある。また、この不適合（瑕疵）が存在するために遺産分割の目的が達成できないといえる場合には、遺産分割協議の解除が認められる余地がある。 さらに、遺産分割時に、甲土地にこのような瑕疵がないことが明示的又は黙示的に表示されていた場合には、遺産分割協議の錯誤無効（民95）の主張が認められる余地もある。ただし、錯誤無効（民95）は、改正民法（債権法）では、「取り消すことができる」となる（改正民（債権）95）。
本当は	

解　説

1　共同相続人の担保責任の追及

(1)　共同相続人の担保責任

　民法911条は、各共同相続人はその相続分に応じて売主と同様の担保責任を負う旨定めています。そこで、Aとしては、この条文に基づき、他の共同相続人に対して、代償金の減額（改正民（債権）563）や、損害賠償、遺産分割協議の解除（改正民（債権）564）を求めることが考えられます。

(2)　土地の境界が明確でないことが改正民法（債権法）562条1項の「品質が契約（遺産分割協議）の内容に適合しない」といえるか

第9章 遺産分割後のトラブル

　ア　改正民法（債権法）562条1項にいう「引き渡された目的物が
　　　種類、品質又は数量に関して契約の内容に適合しないものであ
　　　るとき」

　Aの請求が認められるためには、甲土地の境界が明確でないことが、
改正民法（債権法）562条1項本文が規定する「引き渡された目的物が
種類、品質又は数量に関して契約の内容に適合しないものであるとき」
に該当することが必要です（改正民（債権）563①）。

　改正民法（債権法）562条1項本文の上記規定は、民法570条の「瑕疵」
概念（その種類の物として通常有するべき性質・性能を欠くこと）を
積極的に変更するものではないと考えられています。

　イ　判　例

　この点につき、京都地裁昭和62年12月10日判決（判時1274・115）は、
売買契約の目的物たる土地とこれに隣接する土地が、それぞれの分筆
登記時に法務局に提出された地積測量図上、大部分において重なり合
う蓋然性が高い事案において、「購入した土地が、他人の所有する土地
と部分的に重なり合う疑いが生じ、それが単に隣地所有者の主観的な
言い掛りとは言えず、公図ないしは法務局に提出された地積測量図か
らも相当の蓋然性をもって疑われるという事情からすれば、当該土地
の取引については、購入した土地の所有権につき将来訴訟等の手段に
より法的解決をみる以外ないという意味において法律的な支障がある
というべきで、売買の目的物に『瑕疵』が存在する」旨判示しました。

　また、東京地裁平成22年3月9日判決（判タ1342・190）は、売買契約の
目的物たる土地の公図上の形状や周辺土地との位置関係と現況との食
い違いが著しく、当該土地の地番が甲か乙のいずれかである可能性が
高いということはできるものの、甲及び乙の土地の正確な形状、境界
を認めるに足りる的確な証拠は存しないという事案において、「売買
契約当時、当該土地についてはその所有権をめぐる紛争が将来生じる
可能性があったものといわざるを得ず、このような土地は、売買取引

をするについて通常有すべき性能を備えていないものということができるから、当該土地には瑕疵があったものと認められる」旨判示しています。

　　ウ　判例の検討

　これらの判例からすると、改正民法（債権法）562条1項の「品質が契約の内容に適合しない」（＝民法570条の「瑕疵」がある）といえるためには、おそらく公図が現況と正確に一致しないというだけでは足りず（むしろ正確に一致しない場合の方が多いというのが実情です。）、売買目的物たる土地と隣接する土地とが公図や地積測量図上、部分的に重なり合っている蓋然性が高いとか、公図と現況との矛盾が大きいため、公図が土地の境界を定める根拠資料とはなり得ないといった事情が認められ、客観的にみて、将来的に土地の所有権（境界）をめぐる紛争が起きる蓋然性が高いといえることが必要であると思われます。

　　エ　本事例の検討

　本事例では、甲土地と乙土地の現況が、いずれも公図上の地形や登記簿上の地積と大きく食い違っており、甲土地と乙土地の範囲がはっきりしないということですので、遺産分割時において、客観的にみて、将来的に所有権をめぐる紛争が生じる蓋然性が高かったといえるでしょう。よって、改正民法（債権法）562条1項の「品質が契約の内容に適合しない」（＝民法570条の「瑕疵」がある）に該当するものと考えられます。

　　オ　「隠れた」の要件の削除

　なお、民法570条では「隠れた」瑕疵であることが要件となっていましたが、改正民法（債権法）562条1項では「隠れた」の要件は削除されました。

　(3)　代金減額請求

　本事例の甲土地が「品質が契約（本事例では遺産分割協議）の内容

に適合しない」(改正民 (債権) 562①) といえる場合、当該遺産分割協議
において、Aが甲土地を取得する代償として他の共同相続人に対し代
償金を支払うことになっていたのであれば、Aは当該共同相続人に対
し、各自の相続分に応じて代償金の減額を請求することができます(民
911、改正民 (債権) 563)。

改正民法 (債権法) 563条の代金減額請求の要件として、原則として
相当の期間を定めて履行の追完の催告が必要です (改正民 (債権) 563①)
が、履行の追完が不能であるときなど一定の場合には、催告は不要と
されています (改正民 (債権) 563②一〜四)。

本事例では、目的物たる甲土地の隣地である乙土地の所有者との間
で境界争いが既に現実化しており、他の共同相続人において相当期間
内にこの紛争を解決することはおそらく困難であると思われますの
で、同条2項1号の「履行の追完が不能であるとき」又は4号の「前3号
に掲げる場合のほか、買主が前項の催告をしても履行の追完を受ける
見込みがないことが明らかであるとき」に該当し、催告は不要と思わ
れます。

(4) 損害賠償請求

本事例の甲土地が「品質が契約 (本事例では遺産分割協議) の内容
に適合しない」(改正民 (債権) 562①) といえる場合、Aは、他の共同相
続人に対し、各自の相続分に応じて損害賠償請求をすることが考えら
れます (民911、改正民 (債権) 564・415)。

民法下では、瑕疵担保責任における損害賠償の範囲について、多く
の下級審判例は、信頼利益 (瑕疵がないと信頼したことによる利益)
に限られ、履行利益 (完全な給付がなされたら得たであろう利益) の
賠償ではないという立場に立っていました (仙台高判平12・10・25判時
1764・82、名古屋地判平18・2・24交民39・1・278、京都地判平18・11・30判時1971・
146、東京地判平22・12・22判時2118・50等)。

しかし、改正民法（債権法）では、買主の売主に対する契約不適合に基づく損害賠償請求権の要件・効果は、債務不履行の一般原則に委ねられました（改正民（債権）564）。したがって、要件としては売主の帰責事由が必要となり、効果としては履行利益の賠償まで認められることになります。

本事例において、他の共同相続人に、甲土地は将来境界争いが生じる蓋然性が高い物件であると知りながらその事実を隠して遺産分割協議をしたというような帰責性が認められる場合には、Aは当該共同相続人に対し、損害賠償請求をすることができます。その場合の損害賠償の範囲については、遺産分割協議時に、甲土地は将来境界争いが生じる蓋然性が高い物件であると分かっていれば同土地の評価額をもっと低く見積もってAの取得分を算定したはずだといえるような場合には、その評価額の差額（信頼利益）が損害賠償の対象となります。また、境界争いのために訴訟に巻き込まれる蓋然性も高かったといえるのであれば、そのための弁護士費用も損害賠償の対象となるでしょう。さらに、境界争いが生じたために遺産分割時に予定していた甲土地の使用が妨げられ想定していた収益が得られなかったという事情があれば、このような不適合（瑕疵）がなければ得られたであろう利益（履行利益）についても賠償の対象となります。

(5)　解　除

民法下では、売買契約における瑕疵担保責任として、契約の目的を達成できない場合の契約解除が認められていました（民570・566①）。改正民法（債権法）においても、契約不適合の場合の買主の解除権が認められています（改正民（債権）564・541・542）。

では、共同相続人の担保責任（民911）による準用の場面でも、遺産分割協議の解除が認められるのでしょうか。

この点、判例上、民法541条に基づく債務不履行による遺産分割の解

第9章　遺産分割後のトラブル　　295

除が認められていない（最判平元・2・9判時1308・118）こととパラレルに考えて、共同相続人の担保責任（民911）による遺産分割の解除も認められないとする見解もありますが、不適合（瑕疵）の程度が重大でそのために遺産分割の目的が達成されない場合には解除を認めるべきであるとする見解も有力です。

　本事例においては、Bが整備の中止と明渡しを求めている部分が甲土地のうち相当な割合に及んでおり、かつ、BがAの自由な使用を妨げるような法律上ないし事実上の措置を執っているため、Aが甲土地を自由に使用できないような場合には、上記有力説によれば、遺産分割協議の解除が認められるでしょう。

2　錯誤による無効又は取消しの主張

　また、Aとしては、甲土地と乙土地の境界が不明確で乙土地の所有者と境界争いが起こる蓋然性が高いことを知っていれば、甲土地を取得する内容の遺産分割に同意しなかったはずですから、遺産分割協議につき錯誤による無効（民95）又は取消し（改正民（債権）95）を主張して、遺産分割協議のやり直しを求めることも考えられます。

　民法95条では、法律行為の「要素の錯誤」（その錯誤がなければ表意者は意思表示をしなかったであろうと考えられ、それが一般取引上の通念に照らして至当と認められること）がある場合、意思表示は「無効」とされていましたが、改正民法（債権法）では、錯誤が「法律行為の目的及び取引上の社会通念に照らして重要なものである」場合には、意思表示を「取り消すことができる」と改められました（改正民（債権）95①柱書）。

　本事例では、前述のように、甲土地は乙土地との境界争いが生じる蓋然性が高い物件であったといえますが、社会通念上、隣地と境界争いが生じる蓋然性が高いことを知っていれば、そのような蓋然性が低

い場合と同じ条件での取得は望まないでしょうから、「要素の錯誤」（民95）にも「法律行為の目的及び取引上の社会通念に照らして重要な」錯誤（改正民（債権）95）にも当たるようにも思われます。

　もっとも、Aの遺産分割協議における意思表示の内容は、Aが甲土地を取得するというものであり、甲土地に境界争いが生じる蓋然性は低いという事情は、基本的には意思表示そのものの内容ではなく、Aが甲土地を取得するという意思表示をするに至った「動機」にすぎません。

　このようないわゆる「動機の錯誤」について、民法下の判例（大判大3・12・15民録20・1101、最判昭29・11・26民集8・11・2087等）及び伝統的な通説は、動機の錯誤は原則として要素の錯誤とはならないが、動機が明示的又は黙示的に表示されて意思表示の内容となった場合には、要素の錯誤となり得ると解していました。改正民法（債権法）では、このような判例・通説による規範をより明確に規定することを企図して、「表意者が法律行為の基礎とした事情についてのその認識が真実に反する錯誤」（改正民（債権）95①二）に基づく意思表示は、「その事情が法律行為の基礎とされていることが表示されていたときに限り」、取り消すことができることとされました（改正民（債権）95②）。

　本事例では、遺産分割協議の際に、甲土地に将来境界争いが生じる蓋然性は低いという事情を基礎としていることが表示されていれば、錯誤による無効（民95）又は取消し（改正民（債権）95）が認められる余地がありますが、そのような表示がない場合（現実には、遺産分割時にそのような表示をするケースは少ないでしょう。）には、錯誤による無効（民95）や取消し（改正民（債権）95）の主張は認められないことになります。

（田村　義史）

【88】 遺産分割後に土壌汚染があることが判明した場合はどうなるのか？

　3年前に遺産分割協議で取得し、その後更地にして遊休地のままになっていた土地について、最近、土壌を調査したところ、遺産分割後に制定された法令で新たに規制対象となった有害物質で汚染されており、しかも、その汚染の程度が規制基準値を超えていることが判明した。当該土地を取得した相続人は、他の共同相続人に対し、どのような主張をすることができるか。

POINT	・土壌汚染が契約（遺産分割協議）の内容に適合しないといえるか ・不適合（瑕疵）の判断基準時

誤認例	現行の法令で定められた基準値を超える有害物質で汚染されていることが判明した以上、他の共同相続人に対し、各自の相続分に応じて代償金の減額請求や土壌汚染による損害（調査費用、除去費用等）の賠償請求等をすることができる。

本当は	遺産分割時においては当該物質は法令の規制対象となっていなかったというのであるから、その当時、当該物質が土壌に含まれることによって人の健康に係る被害を生ずるおそれがあるとは認識されていなかったような場合には、これらの請求が認められない可能性がある。

解　説

1　共同相続人間の担保責任

　各共同相続人は、他の共同相続人に対して、その相続分に応じて、売主と同様の担保責任（改正民（債権）562以下）を負います（民911）（【86】参照）。

2　土壌汚染が改正民法（債権法）562条の「品質に関して契約の内容に適合しない」（民法570条の「瑕疵」）に当たるか

　本事例では、遺産分割の対象となった土地に、分割時には明らかとなっていなかった土壌汚染があることが分割後に判明したということですので、当該土地の土壌汚染が改正民法（債権法）562条にいう「品質に関して契約（本事例では遺産分割協議）の内容に適合しない」（民法570条にいう「瑕疵」）に該当するか否かが問題となります。

　この点、判例では、土壌汚染の程度が行政上の規制基準値を超える場合には瑕疵に当たるとされています（東京地判平18・9・5判時1973・84、東京地判平20・7・8判時2025・54等）。

　本事例においては、遺産分割の対象となった土地が、現行の法令で定められた基準値を超える有害物質で汚染されていることが判明したのですから、基本的には改正民法（債権法）562条の「品質に関して契約（遺産分割協議）の内容に適合しない」（民法570条の「瑕疵」）に当たるものと解されます。

3　不適合（瑕疵）の判断基準時

　ただ、注意を要するのは不適合（瑕疵）の判断基準時です。本事例では、当該有害物質は、遺産分割時には規制対象となっていなかったという事情があります。それでも不適合（瑕疵）といえるのでしょ

か。

　この点、参考となる判例があります。売買契約の目的物たる土地の土壌に、当該売買契約締結後に規制対象となったふっ素が基準値を超えて含まれていたという事案において、最高裁は、「売買契約の当事者間において目的物がどのような品質・性能を有することが予定されていたかについては、売買契約締結当時の取引観念をしんしゃくして判断すべきである」とした上で、「本件売買契約締結当時の取引観念上、それが土壌に含まれることに起因して人の健康に係る被害を生ずるおそれがあるとは認識されていなかったふっ素について、本件売買契約の当事者間において、それが人の健康を損なう限度を超えて本件土地の土壌に含まれていないことが予定されていたものとみることはできず、本件土地の土壌に溶出量基準値及び含有量基準値のいずれをも超えるふっ素が含まれていたとしても、そのことは、民法570条にいう瑕疵には当たらない」と判示しました（最判平22・6・1判時2083・77）。

　これを本事例に当てはめると、3年前の遺産分割時においては当該物質が法令の規制対象となっていなかったというのですから、その当時、当該物質が土壌に含まれることによって人の健康に係る被害を生ずるおそれがあるとは認識されていなかったような場合には、「品質に関して契約（遺産分割協議）の内容に適合しない」（「瑕疵」）に該当しないとされる余地もあります。

4　瑕疵担保責任の内容
　【86】、【87】を参照してください。

（田村　義史）

【89】 遺産分割後に母子関係の存在を確認する判決が確定した場合はどうなるのか？

　被相続人（女性）の子Ａ、Ｂが、他に相続人はいないものとして遺産分割協議をした。ところがその後、被相続人には他に子Ｃがおり、Ｃは、被相続人の死亡後検察官を被告として被相続人との母子関係存在確認の訴えを提起し認容判決を得て、確定した。この場合、遺産分割協議の効力はどのように解されるか。

POINT
・遺産分割後に母子関係の存在を確認する判決が確定した場合の遺産分割の効力
・民法910条の類推適用の可否
・遺産分割協議が無効であることを争う者がある場合に必要な遺産分割協議無効確認の訴え

| 誤認例 | 死後認知に関する民法910条が類推適用され、ＣはＡ、Ｂに対し、遺産分割のやり直しを求めることはできず、価額のみによる支払請求ができる。 |

| 本当は | Ａ、Ｂの遺産分割協議後に、被相続人とＣとの母子関係存在を確認する判決が確定したときは、同遺産分割協議は共同相続人の一人を除外したものであり無効と解され、遺産分割をやり直さなければならない。同遺産分割協議が無効であることを争う者がいるときには、遺産分割のやり直しに先立ち、Ｃは、遺産分割協議無効確認の訴えを提起し確定判決を得る必要がある場合がある。 |

第9章　遺産分割後のトラブル　301

解　説

1　母子関係存在の確認判決が確定した場合の遺産分割の効力

　被相続人との母子関係存在を確認する旨判決が確定したときは、協議分割が無効であり再度の遺産分割を要します。

　遺産分割協議後、被相続人と相続人の一人との母子関係の存在を確認する判決が確定したときは、遺産分割協議は共同相続人の一人を除外したものであり無効であり、改めて遺産分割をやり直さなければなりません。

2　民法910条の類推適用の可否

(1)　民法910条の趣旨

　遺産分割後に戸籍上共同相続人となるべき者が出現する場合の一つとして被相続人の死後認知があります。死後認知については、分割後出現した者には価額のみによる支払の請求が認められています（民910）。同条は、既になされている遺産分割のやり直しを避け、分割の効力を維持しつつ、他方で、死後認知により相続人の身分を取得した者を保護しようとする趣旨です。

　すなわち、「認知は、出生の時にさかのぼってその効力を生ずる」とされ（民784本文）、被認知者は生まれた時から相続人であったと扱われ、被認知者を除外した遺産分割は無効となるはずです。

　他方、認知の遡及効は制限されており（民法784条ただし書には「第三者が既に取得した権利を害することはできない」とあります。）、遺産分割が既に終了していた場合には、分割により取得した他の相続人の権利は害されないことになりそうです。

　その不都合を救済するために、民法910条は、民法784条ただし書の例外として価額請求という解決を図ったものです。

（2）　母子関係存在を確認する判決が確定した場合、民法910条の類
　　　推適用ができるか

　母子関係の存在が確定した場合について、死後認知の場合と同視し
て、民法910条の類推適用を認める見解もあります。

　しかし、母子関係は分娩の事実により当然発生するものであり、民
法784条ただし書、910条は類推適用されないとするのが判例（最判昭54・
3・23民集33・2・294）です。

　同判決は、母とその嫡出でない子との間の親子関係は、原則として、
母の認知を待たず分娩の事実により当然に発生すると解され、認知に
より形成される父子関係に関する民法784条ただし書は類推適用され
ないとしました。

　また、同法910条は、取引安全と被認知者の保護との調整を図る規定
ではなく、共同相続人の既得権と被認知者の保護との調整を図る規定
であるとし、相続人の存在が遺産分割その他の処分後に明らかになっ
た場合には類推適用することができないとしています。

3　遺産分割協議が無効であることを争う者がある場合の、遺産分割協議無効確認の訴え

　先の遺産分割協議で除外された相続人Cが、母子関係存在を確認す
る確定判決を得て、相続人たる地位を確定した場合でも、なお、他の
相続人等が先の遺産分割協議の無効を認めようとはしないことがあり
ます。

　この場合には、Cは、遺産分割協議無効確認の訴えを提起すること
が必要になると思われます。この訴えは、必要的共同訴訟として共同
相続人等全員のために合一に確定する必要があると解されます。した
がって、この訴えにおいて、Cなど相続人の一部の者が原告となると
きは、争わない者を含めて他の相続人全員を被告としなければなりま
せん。

4 類似例

被相続人が、戸籍上、再婚後の妻と協議離婚をしており、被相続人の死亡後、前妻との子らが、他に相続人はいないものとし遺産分割協議を行ったが、その後、再婚後の妻は、被相続人との協議離婚が無効である旨確認する確定判決を得たという場合も、本事例と同様に考えられます。

すなわち、離婚無効については、無効原因があれば当然、離婚による夫婦関係消滅の効果は否定され、認知のように意思表示により法律関係が形成されるのと相違します。また、離婚無効については遡及効の制限がありません。

したがって、離婚無効が確定し、配偶者としての相続人資格が確定した場合については、遺産分割当時に既に戸籍上明らかであった相続人を除外し分割を行った場合と同様であり、民法910条は類推適用されないと解されます。

（川合　清文）

【90】 遺産分割で取得した土地に土壌汚染が判明した場合、相続税について更正の請求ができるのか？

　3年前に遺産分割協議で取得した土地について、最近、土壌を調査したところ、法令で定められた基準値を超える有害物質で汚染されていることが判明した。この場合、土壌汚染があることにより本件土地の評価額が下がることを理由として、既に納付した相続税につき更正の請求ができるか。

| POINT | ・国税庁の見解（原則として更正の請求はできない）
・土壌汚染を理由として物納許可が取り消された場合は、例外的に更正の請求が認められる |

| 誤認例 | 土壌汚染があることにより土地の評価額が下がることを理由として、既に納付した相続税について更正の請求ができる。 |

| 本当は | 被相続人の死亡時（課税時期）に土壌汚染の状況が判明していれば評価減ができるが、その後に判明した場合には評価減ができず、更正の請求はできない。ただし、土壌汚染を理由に物納許可が取り消された場合は、この汚染等が判明した日の翌日から起算して4か月以内に、当該土壌汚染等に係る課税評価の減額について、更正の請求を行うことができる。 |

第9章　遺産分割後のトラブル　　305

解　説

1　国税庁の見解

　国税庁は、「相続税等の財産評価において、土壌汚染地として評価する土地は、「課税時期において、評価対象地の土壌汚染の状況が判明している土地」であり、土壌汚染の可能性があるなどの潜在的な段階では土壌汚染地として評価することはできない。」（「土壌汚染地の評価等の考え方について（情報）」平16・7・5国税庁課税部資産評価企画官情報3・国税庁課税部資産課税課情報13）という見解を示しています。この見解によれば、被相続人の死亡時（課税時期）に土壌汚染の状況が判明していれば評価減ができるのに対し、その後に判明した場合には評価減ができず、更正の請求はできないことになります。したがって、本事例のように遺産分割後に土壌汚染が判明した場合は、たとえ土壌汚染が相続開始前から存在していたことが確実であるとしても、更正の請求はできないというのが原則です。

2　物納許可が取り消された場合

　もっとも、本件土地につき物納許可があった後に土壌汚染が判明したために物納許可が取り消された場合には、例外的に更正の請求が認められる余地があります。すなわち、土地等の物納に当たって、土壌汚染等のないことが明白でない場合には、物納許可に「物納許可後に土壌汚染等の存在が判明した場合には、汚染の除去等の措置を講じること。」といった条件が付されることがあります（相税42㉚）。この場合、物納許可から5年以内に土壌汚染が判明したときは、税務署長等から汚染の除去等を行うように「許可条件の履行を求める旨を記載した通知書」が送付されます（相税48①）が、その通知書に記載された期限までに土壌汚染等の除去ができなかった場合には、物納許可が取り消さ

れます（相税48②）。このようにして物納許可が取り消された場合には、この汚染等が判明した日の翌日から起算して4か月以内に、当該土壌汚染等に係る課税評価の減額について、更正の請求を行うことができます（相税32①五、相税令8①一）。

（田村　義史）

実務家が陥りやすい
相続・遺言の落とし穴

平成30年10月31日　初版一刷発行
令和元年 5 月30日　　四刷発行

編　集　遺言・相続実務問題研究会

編集代表　野　口　　　　大
　　　　　藤　井　伸　介

発行者　新 日 本 法 規 出 版 株 式 会 社
　　　代表者　服　部　昭　三

発 行 所　新 日 本 法 規 出 版 株 式 会 社
本　　社　（460-8455）　名 古 屋 市 中 区 栄 1 － 23 － 20
総轄本部　　　　　　　　　電話　代表　052（211）1525
東京本社　（162-8407）　東京都新宿区市谷砂土原町2－6
　　　　　　　　　　　　　電話　代表　03（3269）2220
支　　社　札幌・仙台・東京・関東・名古屋・大阪・広島
　　　　　高松・福岡
ホームページ　http://www.sn-hoki.co.jp/

※本書の無断転載・複製は、著作権法上の例外を除き禁じられています。＊
※落丁・乱丁本はお取替えします。　　　　ISBN978-4-7882-8470-8
5100036　相続落とし穴 ⓒ遺言・相続実務問題研究会 2018 Printed in Japan